決定版 カラダを守る、不調が消える

発酵食の作り方と料理レシピ150

Contents

はじめに

梅干し、らっきょう、ぬか漬け、キムチ、ヨーグルト…。

おうちで発酵食を作ってみませんか。

発酵食の素晴らしさは昔から経験的に知られていましたが、乳酸菌や麹菌の働き、食材の持つ栄養価など、その健康効果や美容効果が、今注目されています。

たとえば、梅干しをお弁当に入れておくだけで、ごはんが傷みにくくなりますが、最近の研究から、梅干しに食中毒を予防する働きがあることもわかってきました。

また、ぬか漬けやキムチ、ヨーグルトなどの発酵食に含まれている乳酸菌は、お腹の調子を整えるだけでなく、免疫力をアップしたり、美肌作りや自律神経のバランスを保つのにも役立つことが解明されてきています。

先人たちの知恵から生まれた発酵食。現在のように病院に気軽にかかれなかった昔は、家庭で作る発酵食が家族の健康を守るために大きな役割を果たしていたのかもしれません。毎日の食事にとり入れていたら、元気に若々しく、健やかな日々を過ごせることでしょう。

この本では、毎日の健康に役立つ、発酵食を厳選。さらに、人気が高く、手作りするとおいしい保存食も紹介しています。

そして、発酵食を使った料理レシピも豊富に紹介。ぜひ、いろいろ作ってみてください。食事の時間がより豊かになることでしょう。

季節ごとに旬の食材を使い、楽しく作って、おいしく食べて、体の中からきれいをめざしましょう。

体のなかからきれいになれる発酵食・保存食の
作りどき・旬のカレンダー

作ることのできる時期

素材が手に入る時期、おいしくできる時期で、作るのに向いている時期

ページ	料理名	1月	2月	3月	4月	5月	6月	7月	8月	9月	10月	11月	12月
P14	青梅シロップ					■	■						
P16	青梅シロップ冷凍版					■	■						
P18	梅じょうゆ					■							
P20	梅干し						■						
P28	白梅酢、赤梅酢						■						
P29	ゆかり粉						■	■					
P30	梅のコンポート						■						
P34	らっきょうの甘酢漬け					■							
P38	塩らっきょう					■							
P42	みそ	■	■										
P52	ココナッツヨーグルト	■	■	■	■	■	■	■	■	■	■	■	■
P54	ヨーグルト	■	■	■	■	■	■	■	■	■	■	■	■
P60	ぬか漬け	■	■	■	■	■	■	■	■	■	■	■	■
P66	白菜キムチ	■	■									■	■
P75	オイキムチ					■	■	■					
P77	カクテキ	■	■									■	■
P80	水キムチ						■	■	■				
P84	ザワークラウト					■	■						
P88	白菜漬け	■	■									■	■
P92	塩麹												
P94	しょうゆ麹												
P98	玄米甘麹												
P108	ゆずこしょう							■					
P114	発酵バター												
P116	塩レモン	■	■	■									■
P120	バジルペースト							■	■				
P124	いちじくのジャム								■	■			
P126	ブルーベリージャム												
P128	グラノーラ												
P132	干し野菜												
P134	ふわふわマヨネーズ												
P136	塩豚												
P138	鶏ハム												
P140	ツナのオイル煮												
P144	ピクルス												
P148	フルーツサワー												
P149	ハーブビネガー												
P150	新しょうがの甘酢漬け						■	■	■				

発酵食作りで使う、
びんや容器について

発酵食を作る前にまず用意しなければならないもの。それは発酵食を作るための容器です。発酵食にはさまざまな種類がありますので、その用途などに合ったものを選ぶことで、おいしく作れ、安全に長く保存することができます。

おすすめの材質は、一部のものを除き、ガラスです。透明で、発酵具合など中の様子がわかること、酸や塩分に強いというのが理由です。

大きさは、作るものや、作る量によって必要な容量が異なります。ここでは、この本で使ったものを大きさ順に分けてご紹介します。

●容量1～2ℓのもの

この本では、青梅シロップ（P14、P16）、らっきょうの甘酢漬け（P34）を作る際に使っています。また、グラノーラ（P128）を保存する際にも使っています。比較的大きいので、冷蔵庫での保存よりも、冷暗所や常温で保存できるものに向いています。

●容量4ℓのもの

この本では、梅干し（P20）、塩らっきょう（P38）を作る際に使っています。季節のものを多めに作り、冷暗所に保存するものに適しています。一般的に梅酒などの果実酒を作るのもこのサイズ。

容量4ℓ

容量
1～2ℓ

●ジッパーつき保存袋
少量の食べきりサイズで、白菜キムチ（P66）、水キムチ（P80）、白菜漬け（P88）など野菜の漬物を作る際に便利です。

●容量300〜500mlのもの
この本では、梅のコンポート（P30）、カクテキ（P77）、ザワークラウト（P84）、塩レモン（P116）、ピクルス（P144）などで使用しています。野菜やフルーツの保存食に使いやすく、冷蔵庫にも入りやすいサイズ。

●容量100〜200mlのもの
この本では、ふわふわマヨネーズ（P134）、バジルペースト（P120）、フルーツジャム（P124）など、ジャムやペースト、ソースなど、小分けにして保存したいもの、比較的早めに消費したいものなどに便利。冷蔵庫にも入りやすいサイズ。

●容量50〜100mlのもの
この本では、ゆかり粉（P29）、ゆずこしょう（P108）などの保存で使っています。粉末のもの、小分けにしたいとき、少量をおすそ分けというときに便利です。

容量300〜500ml　容量100〜200ml　容量50〜100ml

●みそ（P42）の場合は
みそ作りの容器には、陶器のかめ、木おけもいいですが、はじめての場合は、プラスチック製のたるが、安価な上、軽くて扱いやすいです。容量はでき上がり重量にもよりますが、この本では、5ℓ用を使用しています。

保存びん、保存容器は
しっかりと滅菌消毒しましょう

発酵食を作ったり、保存したりする容器は、作る過程で雑菌が入らないよう、
滅菌消毒をすることが安全に作るための第一歩です。

煮沸消毒　鍋に湯を沸かし、容器を煮沸して滅菌する方法です。
比較的小さめの容器はこの方法がおすすめです。

1 大鍋にたっぷりと湯を沸かし、消毒する容器を入れ、完全に沈むようにし、1〜2分軽くぐらぐらとさせる。

2 トングでつかんで、湯から引きあげる。

3 キッチンペーパーまたは、清潔なふきんの上にふせて置き、湯をきりながら冷ます。

**焼酎または
除菌アルコールスプレーを使う**

鍋に入らない、大きい容器の滅菌消毒法です。除菌アルコールは、包丁やまな板などに使うキッチン用を。

鍋に入らない、大きい容器の滅菌消毒法です。
熱湯を回しかけるので、やけどに注意を。

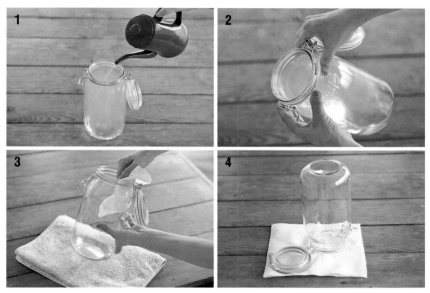

1 熱湯を、保存びんの中に注ぐ。

2 ぐるぐると内側を洗うように湯を回し、捨てる。

3 キッチンペーパーで内側の水滴を拭く。

4 キッチンペーパーまたは、清潔なふきんの上にふせて置き、湯をきりながら冷ます。

1 スプレーに焼酎または除菌アルコールを入れて、保存容器の内側に吹きかける。

2 パッキンなども忘れずにスプレーして。

3 キッチンペーパーで水滴を軽く拭く。

この本の使い方

疲労回復　リラックス効果
きれいになる効果のアイコンです。ご紹介している発酵食の、美容や健康に期待できるおもな効果や効能をアイコンで示しています。発酵食によって、疲労回復、腸内環境アップ、免疫力向上、減塩など、さまざまにありますので、健康増進のために役立ててください。

[作るのに適した時期]
作るのにもっともいい季節を解説しています。食材が出回る時期、発酵が上手にできる時期、おいしくできる時期など、発酵食によって最適な時期があります。P5の作りどき・旬のカレンダーに、目安を一覧にしましたので、あわせて参考にしてください。

[保存方法&消費目安]
保存の方法や期間の目安を表示しています。ただし、気温や湿度、冷蔵庫の機種、開け閉めの回数などの環境で保存状態は異なります。消費目安はあくまでもだいたいのものと考えて、早めに食べきりましょう。

[作り方]
1から作業順に作り方を説明しています。細かく写真つきで解説していますので、まずは一度目を通して、おおまかな流れを頭に入れてから作業にかかることをおすすめします。

■きれいになる理由
上記のアイコンにからめながら、ご紹介している発酵食に関して、どうして健康や美容に役立つのかその理由を、含まれている成分や、使用している食材の持つ栄養効果などから、栄養学的にわかりやすく解説しています。

[材料]
発酵食の材料は、はじめて作る方が作りやすく、扱いやすく、食べきりやすい量になっています。多く作りたい場合は、これを基本に2倍、3倍量に増やしてもかまいません。

[おいしい食べ方、使い方]
手間と時間をかけて作った発酵食を、最後までおいしく楽しむための食べ方をご紹介しています。発酵食の作り方のあとに、それを使ったメニューを具体的に提案していますので、あわせて参考にしてください。

発酵食を使ったメニュー
発酵食はそのまま食べるだけでなく、料理やお菓子作りなどに使うことで、もっと楽しむことができます。ぜひ、あなただけのオリジナルメニュー作りの参考にしてください。

そのほか、この本の作り方やレシピでの注意点
●小さじ1は5㎖、大さじ1は15㎖、1カップは200㎖、1合は180㎖です。
●電子レンジの加熱時間はとくに表記がないときは、600Wのものを使用した場合です。500Wの場合は1.2倍してください。機種や使用年数などによって、多少異なる場合があります。様子を見ながら加熱してください。
●フライパンは原則として、フッ素樹脂加工のものを使用しています。
●オーブンの温度や焼き時間は、機種、使用年数、使用している型の材質などにより異なりますので、レシピの表記はあくまでも目安です。様子を見ながら調節してください。
●だしは、昆布と削り節中心の和風だし（市販品でもOK）、スープは顆粒または固形ブイヨンを使った洋風、中華だしです。
●野菜類はとくに表記がない場合、洗う、皮をむくなどの作業をすませてから、手順の説明をしている場合があります。

Part 1
人気の定番、発酵食

梅、らっきょう、みそ、だれもが一度はあこがれる人気の発酵食です。
時間をかけて作り、でき上がりを待つ楽しさ。
一度は作ってみたいと思いながらも、なかなか挑戦できない方は、
今年はぜひチャレンジしてみませんか？

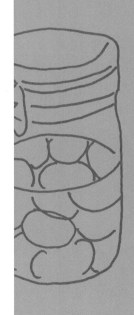

末熟で青くかたいうちに収穫するのが、青梅。旬は5月下旬〜6月中旬。さわやかな梅の香りで、一般的に梅酒、梅シロップ、梅じょうゆなどに使われる。

完熟梅の旬は6月中〜下旬。黄色から薄赤に熟した梅は、甘酸っぱい華やかな香り。一般的に梅干し、梅ジャム、梅のコンポートなどに向いています。

抗菌作用　消化力サポート　口臭防止

梅

年に一度、梅の季節が初夏の到来を告げる

　梅仕事という言葉をご存じですか？　その年にできた梅の実で、梅干しをはじめとした発酵食を作ることをいいます。梅の旬は5〜6月で、6月が出荷の最盛期。1年のうちでもごく短い時期しか出回らない梅ですから、その時期をのがさないことが大切。忙しい日々のなかで、ぜひ「梅仕事」のための時間をやりくりして、手作りのぜいたくを楽しみましょう。

今年は挑戦したい、梅で作れるいろいろ

　梅にはおもに、色が青いうちに収穫する青梅、黄色く色づいた完熟梅があります。どちらもさまざまなものを作ることができますが、この本では家族みんなで楽しめる、食べきる使いきれるものを厳選。青梅で、子どもから大人まで家族みんなで楽しめる「青梅シロップ」、梅の風味をつけた調味料「梅じょうゆ」を、完熟梅では、梅仕事の王道「梅干し」、梅ジャムよりも簡単にできる「梅のコンポート」をご紹介します。

梅の健康効果は昔からよく知られています

　梅の特徴といえば、その酸味。酸味の正体はクエン酸で、菌の増殖を抑える抗菌作用が強く、お弁当に梅干しを入れるのは、ごはんを傷みにくくする昔ながらの知恵です。また梅干しのクエン酸は唾液を出させる効果が高いといわれます。唾液が多く分泌されることは、消化酵素の働きで食べ物が消化しやすくなるだけでなく、口の中が清潔に保たれやすく、口臭や虫歯予防にも役立ちます。

上／青梅シロップ（写真中央、右）は2〜3週間後くらいから飲むことが可能。氷砂糖がゆっくりとけていく様子を見るのも楽しい。
中／塩漬けして干しただけの白梅干し（写真左）と、塩漬けしてから赤じそと一緒に漬けた梅干し（写真右）。作り分けることも可能。
下／セミの鳴き声が聞こえ始めたら、梅を干す合図。平ざるに並べ、マンションのベランダで干すだけで十分おいしい梅干しに。

青梅シロップ

氷砂糖がゆっくりとけること
で砂糖の濃度が上がり、そ
の浸透圧で徐々に梅のエキ
スを引き出します。華やかな
香りとふくよかなコクのある
シロップができ上がります。

■ 青梅シロップできれいになる理由

　梅の酸味の成分であるクエン酸は、体内でエネル
ギーを作り出す回路を活性化する働きがあり、肉体
疲労やストレスで体がダメージを受けたときにとても
有効です。とくに青梅シロップは、エネルギーにすば
やく変わる糖質と、クエン酸を一緒にとることができ
るので、効率よく疲労を回復できます。
　さらに、梅の香りは昔から痛みを軽減するともい
われ、甘い香りが気持ちをリラックスさせてくれます。

[作るのに適した時期] ５月下旬～６月中旬に出回る青
梅を使います。
[保存方法＆消費目安] 上の写真の状態なら、冷暗所に
保管し、２カ月の間に飲みきって。しわしわになった梅の
実を漬けっぱなしにすると、にごりや腐敗の原因になる
ので、長期保存の場合は、液をガーゼなどでこして鍋に
入れ、弱火にかけ、アクが出たらすくい、沸騰させないよ
うに15分ほど加熱します。冷ましてびんに入れ、冷蔵庫
で保存。保存期間は約半年。
[おいしい食べ方、使い方] 水、炭酸水、湯で割って梅ジ
ュースに。焼酎や日本酒などで割って梅カクテルに。

材料（作りやすい分量）
青梅…500g
氷砂糖…500g
酢…100ml
※酢は入れなくてもいいが、入れると発
酵を防止できるので、失敗しにくくなる。

作り方

1 青梅をボウルに入れ、たっぷりの水に2時間浸してアクを抜く。

2 竹串でヘタをとり、水けをキッチンペーパーなどで拭き、ざるにのせて乾かす。

3 保存びんに青梅、氷砂糖を交互に入れ、酢を加える。

4 直射日光が当たらない涼しい場所に置き、毎日数回、上下にびんをゆすってエキスを回し、2〜3週間置く。氷砂糖がすべてとけたらでき上がり。左のページができ上がりの状態。梅はエキスが出るので、しわしわになる。

青梅シロップの ソーダ割り

グラスに氷、青梅シロップ(50mℓ)を入れてソーダ(適量)を注ぐ。

青梅シロップQ&A

Q 氷砂糖でなくても大丈夫ですか?

A 砂糖であればなんでも可能ですが、氷砂糖は雑味がなくすっきりとした味になります。またゆっくりとけていくので、梅のエキスもじっくりとしみ出て、コクのあるまろやかな味わいに。普通の砂糖で作る場合、砂糖を一度に入れると浸透圧が急激に上がって梅のエキスが出きらない場合があるので、砂糖は数回に分けて入れるのがコツ。

Q 途中で白い泡が出てきました。

A 発酵している状態です。梅シロップは発酵する場合もありますので、少しの泡なら問題ありません。様子を見て、泡が多いようなら、梅の実をとり出し、液だけを弱火にかけ、アクをとりながら15分ほど加熱し、冷ましてからびんに戻せば、問題なく飲むことができます。

青梅シロップ冷凍版

梅を冷凍させてから作る方法です。たくさん梅がとれたり、すぐに作れないなどの場合、梅の実のまま冷凍しておくのも一案。これなら一年中いつでも作れます。

■ **青梅シロップ冷凍版できれいになる理由**
　梅の実は冷凍することで、細胞組織が壊れ、エキスが出やすくなります。このため、P14に比べて短期間でエキスが出て、失敗しにくいのが利点の方法です。その分、香りが弱いともいわれますが、P14のものと比べると、青梅のフレッシュでさわやかな香りが特徴。梅のクエン酸とさわやかな香りで、気分転換や頭をすっきりさせたいときにぴったりのドリンクができます。

[作るのに適した時期] 5月下旬～6月中旬に出回る青梅を使います。青梅を冷凍しておけば一年中OK。
[保存方法＆消費目安] 上の写真の状態なら、冷暗所に保管し、2カ月の間に飲みきって。しわしわになった梅の実を漬けっぱなしにすると、にごりや腐敗の原因になるので、長期保存の場合は、液をガーゼなどでこして鍋に入れ、弱火にかけ、アクが出たらすくい、沸騰させないように15分ほど加熱します。冷ましてびんに入れ、冷蔵庫で保存。保存期間は約半年。
[おいしい食べ方、使い方] 水、炭酸水、湯で割って梅ジュースに。焼酎や日本酒などで割って梅カクテルに。ゼリーやシャーベットなどのスイーツに。かき氷のシロップにも使えます。

材料（作りやすい分量）
青梅…500g
氷砂糖…500g

作り方

1 青梅をボウルに入れ、たっぷりの水に2時間浸してアクを抜く。

2 竹串でヘタをとり、水けをしっかり拭き、ざるにのせて乾かす。

3 ジッパーつき保存袋に青梅を入れて口を閉じ、冷凍庫にひと晩入れて凍らせる。

4 保存びんに、青梅(冷凍のまま)、氷砂糖を交互に入れて冷暗所に置く。毎日数回ゆすって7～10日置く。氷砂糖がすべてとけたらでき上がり。左のページができ上がりの状態。梅はエキスが出るので、しわしわになる。

青梅シロップのゼリー

材料(2人分)
青梅シロップ(P14または16参照)…100㎖
粉ゼラチン…7g
水…300㎖

作り方

1 水300㎖の中からとった水大さじ2に、粉ゼラチンを入れてふやかしておく。

2 1の残りの水、青梅シロップを鍋に入れて加熱し、1のゼラチンを加える。よくまぜてとけたら火を止め、あら熱をとる。

3 器に入れ、冷蔵庫で冷やし固める。(平岡)

食欲増進　減塩
梅じょうゆ

青梅のエキスがしょうゆに
にじみ出て、ほのかな酸
味と梅の香りがする調味
料に。ふだんの料理に隠
し味的に加えるとワンラン
クアップの味わいに変身。

■　梅じょうゆできれいになる理由

　梅の酸味であるクエン酸は唾液の分泌を活発に
するので、食欲を増進する働きがあります。夏場の食
欲が落ちる時期、かけじょうゆや料理の仕上げに使
って夏バテ防止。また、梅の香りで少量でも満足でき
るため、減塩にも役立ちます。

[作るのに適した時期] ここでは青梅（5月下旬〜6月中
旬に出回る）を使っていますが、完熟梅（6月中旬〜下旬
に出回る）でもできます。
[保存方法＆消費目安] 梅の実を漬けたまま、冷蔵庫で
保存。保存期間は約1年。
[おいしい食べ方、使い方] 刺し身や豆腐、焼き魚などの
かけじょうゆに。炒めものや照り焼きの味つけに。煮魚
の煮汁に加えるとくさみ消しにも。

材料（作りやすい分量）
青梅…6〜8個
しょうゆ…480mℓ

作り方

1 青梅は水で洗って、ヘタをと
る。水けを拭いて保存びんに
入れ、しょうゆを注ぐ。

2 ふたをし、冷蔵庫で2週間以
上置く。梅の香りがしょうゆに
移ったら使える。

豚の脂のコクが、青梅の酸味でさっぱりと

豚バラ肉とれんこんのきんぴら

材料（2人分）
豚バラかたまり肉…100g
れんこん…中1節
塩…少々
梅じょうゆ（左参照）…50㎖
白いりごま…大さじ1

作り方

1 豚肉は食べやすい大きさにスライスする。

2 れんこんは皮をむき、3㎜厚さのいちょう
切りにする。酢水（分量外）に5分浸し、ざる
にあげる。

3 フライパンに1を並べ、火にかける。肉の脂
がとけだしてきたら、2を加えて炒める。

4 れんこんが透き通ってきたら塩をふってさら
に炒める。梅じょうゆを回し入れ、強めの中
火で水分がなくなるまで炒める。

5 仕上げに白ごまをふる。（平岡）

梅の香りで冷めてもおいしい。
お弁当にもおすすめ

紋甲いかの照り焼き

材料（2人分）
紋甲いか…200g
A｜梅じょうゆ（左参照）…大さじ2
　｜みりん…大さじ2
サラダ油…小さじ2

作り方

1 いかの表面全体に、斜めの隠し包丁を入
れ、食べやすい大きさに切る。

2 フライパンに油を熱し、1を炒める。火が通
ってきたらAを加え、汁をからめるようにし
て炒める。（平岡）

梅干し

一般的によく知られている赤い梅干しは、赤じそ漬け。塩漬けしてから赤じそを一緒に漬けることで、鮮やかな赤色になります(写真右)。赤じそを一緒に漬けない梅干しは、白梅干しと呼ばれます(写真左)。

■ 梅干しできれいになる理由

　梅干しの酸味成分クエン酸には強い殺菌力があり、食中毒の原因となる菌の増殖を抑える働きがあることが実験によりわかっています。また、梅干しから抽出したエキスに含まれるポリフェノールには、インフルエンザウイルスを抑制する働きがあることも報告されています。

　梅干しのクエン酸にはもともとエネルギー代謝を活発にする疲労回復効果がありますが、夏バテや風邪の季節こそ、梅干しを食べて免疫力をアップ。インフルエンザや胃腸炎、食中毒から体を守りましょう。1日5粒でインフルエンザの予防効果が期待できるという報告もあります。

[作るのに適した時期]　6月中旬〜下旬に出回る完熟梅を使います。出回る時期が短いので、6月に入ったらお店で入荷を確認しましょう。

[保存方法&消費目安]　土用干し(7月の下旬の天気のいい日に天日干しにすること)にした梅干しは、梅酢に戻して保存する方法と、梅酢に戻さずに梅干しだけで保存する方法があります。梅酢に戻すと、皮がやわらかくジューシーな食感に、梅酢に戻さないで保存すると、ねっとりとした食感になります。好みですが、この本では梅酢に戻す方法をご紹介しています。冷暗所に置いて、約1年保存可能。

[おいしい食べ方、使い方]　そのままお茶うけに。熱々のごはんのおともや、おにぎりの具に。果肉をほぐしてそうめんなどの薬味に。料理のたれや隠し味に使っても。

材料（作りやすい分量）

完熟梅…2kg

あら塩…約350g（梅の重量に対し15〜20％）

砂糖…70g

焼酎…100㎖

作り方

1 梅は傷をつけないように水でさっと洗い、たっぷりの水に半日ほど浸してアク抜きする。

2 竹串で梅のヘタをとり、ざるやバットにのせる。

3 キッチンペーパーで水けをしっかり拭く。

4 ボウルにあら塩と砂糖を入れ、まぜ合わせる。

5 ボウルに梅を入れ、焼酎をかける。

6 手でやさしく焼酎をからめる。

● ジッパーつき保存袋で塩漬けする方法

7A ジッパーつきの保存袋に、梅、あら塩と砂糖をまぜたものを交互に入れて口を閉じる。

8A バットに7Aの梅を置き、上にバットを重ね、梅の重さと同じ〜2倍の重し（ボウル、皿、雑誌など）をのせる。　→　作り方9Aへ

● 保存びんを使って塩漬けする方法

7B 保存びん（4ℓくらいのもの）に、あら塩と砂糖をまぜたものをひとつかみ入れ、梅数個を置く。これを交互に入れていく。

8B 重しとして、水（梅の重さと同じ〜2倍）を入れた厚手のポリ袋（必ず2重にして）を保存びんの中に入れる。
＊厚手のポリ袋を2重にしてびんの中に入れて広げ、ポリ袋の口を、びんの口にかぶせてふさぐ。ポリ袋の中に水を注ぎ、1枚ずつポリ袋の口を結ぶ。水をびんの中にこぼさないように注意！　→　作り方9Bへ

8Aの5日後

9A ときどき袋の上下を返しながら、4〜5日常温に置き、白梅酢が出てくるまで下漬けする。写真は白梅酢が出た状態。

9B ときどきびんをゆらして塩をとかし4〜5日常温に置き、白梅酢が出てくるまで下漬けする。写真は白梅酢が出た状態。

*水の重しのとり除き方 →外側のポリ袋の口をほどいて開き、びんの口にひっかけてふさぐ。次に水の入った袋の口をほどき、びんを少し傾けて注意しながら水を半分ほど捨てたら、あとは、袋ごととり除く。水がびんの梅酢にまざらないよう注意!

*白干しの梅干し(赤じそを一緒に漬けない)の場合は、この状態のまま、冷暗所に保管し、梅雨が明けて土用干しするまで待つ。 → 作り方16へ

*赤じそを一緒に漬ける梅干し(普通の赤い梅干し)の作り方は以下に続く。赤じそは6月中旬〜7月上旬に出回る。

赤じそ漬けの材料(梅1kgに対して)
赤じそ…3束(葉のみ約280g)
あら塩…約30g(しその重量に対し10%)

10 赤じそはていねいに水で洗い、水けをきって乾かす。茎から葉だけを摘みとり、ボウルに入れる。

黒く傷んでいたり、ちぎれているものはカビの原因になるので除く。

11 あら塩10gをふり、力を入れてしっかり全体をもむ。

黒い汁(アク)が出るので、汁を捨てる。

12 再びあら塩10gをまぶしてもみ、汁が出たら捨てる。これを計3回、汁がきれいな紫色になるまで繰り返す。最終的に、しその葉はにぎりこぶしほどの大きさになる。

13 塩漬けした梅のびんから白梅酢を½カップほどとり分け、12の赤じそにかけて発色させる。

14 塩漬けした梅（ジッパーつき保存袋で塩漬けしたものはびんに移す）に赤じそをのせてかぶせ、発色した梅酢をかける。

15 ふたをして冷暗所に保管し、梅雨が明けて土用干しするまで待つ。

16 土用干しをする。土用（7月25日前後）になり、晴天の続きそうな日にざる（通気性のいいもの）に並べて干す。写真は、左から赤じそ、梅干し、白梅干し。午前11時頃〜午後3時頃、途中で上下をひっくり返し、夜は室内に入れる。これを3日間繰り返し、最後の日は夜もそのまま外に干し、夜露にあてる。夜露にあてることで皮がやわらかくなる。

＼ 白梅干しのできあがり！ ／

天日干しした白梅干しは保存びんに入れ、残った白梅酢に浸して保存する。こうするとふっくらしっとりした食感が長持ちする。食べる分だけ保存容器にとり出す。

＼ 梅干しのできあがり！ ／

天日干しした梅干しは保存びんに入れ、残った赤梅酢に浸して保存する。食べる分だけ保存容器にとり出す。
＊赤じそは一緒に梅酢に漬けておくか、または、広げてからからになるまで干し、ミルやすり鉢などで粉状にし、塩とまぜてゆかり粉にしても（P29で紹介）。

梅干しQ&A

Q 青い梅でも梅干しはできますか？
A いわゆる梅干しは黄色く熟した完熟梅で作ります。もし熟しきらずに緑の部分が残っていたら、ざるに並べて2〜3日置き、追熟させてから使いましょう。

Q 梅酢が出てきません。
A 通常は4〜5日で梅酢が出て、梅が浸ってきますが、そうでない場合は、以下のことが考えられます。
　① 塩の量を間違えている → 塩が不足していないか分量を確認し、足りないようなら加えて。
　② 完熟の梅を使っていない → 梅がかたいと梅酢が出にくいです。重しを重めにしてみましょう。
　③ 塩が下に沈んでいる → 漬ける容器の底に塩がたまり、梅全体にゆきわたっていない可能性があります。容器をゆするなどして塩をとかしましょう。

Q 梅酢に白いカビが発生しました。
A 梅酢の表面にカビが発生しても、梅に付着していなければそのままにして、天日干しをするときに、カビを散らさないようきれいにとり除いてから、梅をとり出して天日干しを。梅に付着した場合は、焼酎で洗ってから干して。
どうしても気になる場合は、重しをはずし、カビをきれいにとり除いたら、梅の重さに対して5％ほどの焼酎または酢を加えて、再度重しをして漬けます。

Q 土用干しの際、雨にぬらしてしまいました。
A 焼酎で洗い、もとの梅酢に戻して2〜3日漬けてから、再度干し直してください。

食欲のないときに、
梅干しのクエン酸で元気をチャージ

梅オクラの冷ややっこ

材料（2人分）
オクラ…6本
塩…小さじ1
梅干し…大1個
削り節…小1パック（3g）
もめん豆腐…⅔丁

作り方

1 オクラは塩をふって軽く表面をもみ、熱湯でゆでて冷水にとる。水けを拭いて薄い輪切りにする。
2 梅干しは種を除いて包丁でたたく。
3 ボウルに1、2、削り節を入れてまぜる。
4 豆腐を半分に切って器に盛り、3をのせる。（大庭）

材料（2人分）
さば（二枚おろし）…大1枚
きゅうり…1本
塩、こしょう…各少々
小麦粉…適量
オリーブ油…大さじ1
梅だれ（下記参照）…⅔量

作り方

1 さばは2つに切り、皮目に浅い切り目を入れる。塩、こしょうをふり、小麦粉を薄くまぶす。きゅうりは長さを3等分に切って縦四つ割りにする。
2 フライパンにオリーブ油を熱し、さばを並べ入れ、弱めの中火で6〜7分、両面がカリッとするまでソテーする。
3 器に盛ってきゅうりを添え、梅だれをのせる。（武蔵）

梅だれ

梅干し（大1個）は種を除いて、包丁で細かくたたく。耐熱容器に入れ、みりん（大さじ2）を加え、ラップをかけずに電子レンジ（600W）で20秒加熱、しょうゆ（小さじ1）をまぜる。

梅の香りと酸味が魚のくさみを消し、
すっきりとした味わいに

さばのソテーの梅だれ

梅肉は山菜などの香りの強い野菜とも相性抜群

皮つきうどと豚肉の梅炒め

材料（2〜3人分）
うど…1本（300g）
豚バラ薄切り肉（3cm幅に切る）…150g
絹さや…15枚（約30g）
梅肉…大さじ2
A｜しょうゆ…大さじ½
　｜酒、みりん…各大さじ1
ごま油…小さじ1

作り方

1 絹さやは筋をとり、塩少々（分量外）を加えた湯でさっと下ゆでする。うどは炒める直前に皮つきのまま、5mm厚さの短冊切りにする（酢水でさらさなくていい）。

2 熱したフライパンにごま油をひき、豚肉を広げて入れる。片面がカリッとするまで中火で2分ほど焼き、余分な脂をキッチンペーパーで拭きとり、うどを加えて炒める。

3 強火にし、Aを加えて水分をとばしながら炒め、火を止める直前に梅肉と絹さやを散らしてさっと炒め、器に盛る。（植松）

27

`抗菌作用`　`整腸作用`

白梅酢、赤梅酢

梅酢とは梅を塩漬けして、数日すると出てくる液体のことです。そのままの状態のものを白梅酢（写真左）といい、あとから赤じそを加えて紅色に染まったものを赤梅酢（写真右）といいます。

■ 梅酢できれいになる理由

梅酢は昔から、下痢止めの民間薬として使われてきました。梅が医者いらずといわれる理由は、梅酢に含まれるクエン酸の強い抗菌作用。整腸剤として、また梅酢を薄めてうがい薬がわりにすれば、のどの痛みがやわらいだり、風邪予防にも。

[作るのに適した時期] 6月中旬〜下旬。梅酢は、P20〜の梅干しを作る際に、副産物として一緒にでき上がってきます。

[保存方法＆消費目安] 保存びんに入れ、冷暗所で保存。1年を目安に使いきりましょう。

[おいしい食べ方、使い方] 梅酢は酢のように、酢のものやあえものなど、ふだんの料理に使うことができます。白梅酢は色がつかないので隠し味に使ってみましょう。酢飯に使うとごはんが傷みにくくなります。さばなどの青魚を煮るときに加えると、くさみが消え、やわらかくなります。

赤梅酢を使った野菜の漬物。ほんのりピンクに染まる

しば漬け風

材料（作りやすい分量）
なす…3本
きゅうり…2本
みょうが…2個
しょうが…1かけ
青じそ…20枚
赤梅酢…大さじ4
みりん…大さじ1

作り方

1 なすは5mm厚さの輪切りにし、ミョウバン水（または水）適量（分量外）に15分浸してざるにあげる。きゅうりは3mm厚さの輪切りにする。みょうがは薄く輪切り、しょうがは細切りにする。

2 1の野菜をボウルに入れて塩（分量外）をふり、よくもむ。重しをし、水が上がってきたら水けをよくしぼり、保存容器に移す。

3 青じそを手でちぎり、赤梅酢、みりんを合わせ、2の保存容器に入れ、冷蔵庫に入れる。2〜3日後から食べられる。（平岡）

美肌　**眼精疲労回復**

ゆかり粉

梅干しと一緒に漬けた赤じそを、乾かして粉末
にし、塩を加えたもの。手作りならではの自然
な色と味わい。

■ ゆかり粉できれいになる理由

　材料の赤じそに含まれる紫色の色素は、ポリフェ
ノールの一種のアントシアニン。体を紫外線やストレ
スから守る抗酸化作用が強いとされ、皮膚の弾力
を保つコラーゲンの再生を促す働きも認められてい
るなど、美肌作りに役立ちます。また、視力向上、眼
精疲労回復の効果も期待できます。

［作るのに適した時期］ 6月中旬〜7月上旬。梅干
しを作ると一緒にでき上がってきます。
［保存方法＆消費目安］ 保存びんに入れ、常温で
保存。半年を目安に使いきりましょう。
［おいしい食べ方、使い方］ ごはんにふりかけて、
おにぎり、まぜごはん、チャーハンに。豆腐、納豆な
どのトッピングに。野菜にまぜてあえものに。ドレ
ッシングに加えて味つけや彩りに。

●ゆかり粉の作り方
1 P23で漬けた赤じそを、梅干しと一緒に、
　天日でからからになるまで干す。
2 ミルやすり鉢ですって粉状にし、塩を好
　みの量まぜて味をつける。

ゆかり粉を料理に使って。
ふるだけで彩りのいいあえものに

大根のゆかり粉あえ

材料（2人分）
大根…100g
塩…小さじ⅛
ゆかり粉…小さじ1

作り方
1 大根は皮をむき、ごく薄いいちょう切りに
　する。ボウルに入れ、塩をふってまぜ、軽く
　重しをしてしばらく置く。
2 1の大根の水けをしぼって、ゆかり粉を加
　えてまぜる。（瀬尾）

梅のコンポート

梅を砂糖、ワインなどで甘く煮たものです。ジャムと違い、果肉をつぶす必要がなく、煮る時間も短時間でいいので簡単に作れます。

■ 梅のコンポートできれいになる理由

梅の酸味＆糖の組み合わせは、体の疲労回復や、ストレスなどの精神疲労にも効果抜群。また、梅は意外に食物繊維が豊富な食材で、なかでも水溶性食物繊維であるペクチンを多く含むのが特徴。水溶性食物繊維はゲル状で、便をやわらかくしてお通じをよくする作用とともに、腸内細菌のエサとなって善玉菌を増やす働きがあり、便秘予防効果も期待できます。

［作るのに適した時期］　６月中旬〜下旬に出回る完熟梅を使います。
［保存方法＆消費目安］　保存びんに入れ、冷蔵庫で保存。保存期間は３カ月。
［おいしい食べ方、使い方］そのままデザートとして。ヨーグルトやアイスクリームに添えて（写真右）。

材料（作りやすい分量）
完熟梅…1kg
A｜水…800㎖
　｜白ワイン…200㎖
　｜グラニュー糖…500g
　｜はちみつ…大さじ6

作り方

1 梅をボウルに入れ、たっぷりの水に2時間浸してアクを抜く。

2 竹串でヘタをとり、水けをしっかり拭く。

3 鍋にAの材料を入れ、ひと煮立ちさせる。静かに梅を入れ、弱火で10分煮る。ぐつぐつ煮ると煮くずれるので、煮すぎないこと。

4 皮がやぶれてきたら火を止め、そのままあら熱をとる。余熱で火を通すことで果肉もふっくら、砂糖もじっくりとしみ込む。

5 あら熱がとれたら、梅をとり出す。

6 シロップのみ、弱火で20分ほど煮つめる。火を止めてそのまま冷まし、冷めたら保存びんに梅とシロップを入れ、冷蔵庫で保存する。

らっきょう

高い健康効果で注目の野菜・らっきょう

　らっきょう独特のつんとした匂いは硫化アリルという成分で、玉ねぎにも含まれています。硫化アリルは、疲労回復のビタミンと呼ばれるビタミンB_1が体内に吸収されるのを助けるため、肉体疲労時におすすめです。また血液が凝固するのを防いで血流をスムーズにする働きがあることから、動脈硬化などの生活習慣病予防にも。さらに殺菌作用や発汗作用があることから、風邪の引き始めにも役立ちます。

左上／塩らっきょう(写真左)と、らっきょうの甘酢漬け(写真右)。　左下／写真左は、塩らっきょうで漬けて半年たったもの。塩水に漬けたものは約1年保存可能。写真右は塩らっきょうを塩抜きして甘酢に漬けたもの。　右上／塩らっきょうのでき上がり。塩らっきょうは、食べる分だけ少しずつ塩抜きして、一年を通して楽しみたい。　右下／らっきょうの甘酢漬けのでき上がり。漬けて2週間後くらいから食べられ、徐々に色も濃くなっていく。3カ月以内で食べきるのがおすすめ。

腸内の善玉菌を増やす水溶性食物繊維の宝庫

　らっきょうには水溶性食物繊維であるフルクタンが多く含まれています。食物繊維は水にとけない不溶性食物繊維と水にとける水溶性食物繊維に分類されます。不溶性食物繊維は、簡単にいうと、野菜をかんでいると口に残る筋の部分で、便の量を増やす働きがあります。

　水溶性食物繊維は、水にとけるとゲル状になり便をやわらかくし、スムーズな排便を促す働きがあるほか、腸内細菌のエサとなって、善玉菌を増やす働きが高いとされています。便秘の人はとくに水溶性食物繊維を意識してとることが大切。らっきょうは水溶性食物繊維の含有量が野菜の中でも一番です。

らっきょうは1日5粒、毎日食べよう

　らっきょうの旬は6月。年に一度短い時期だけしか手に入らないので、ぜひこの時期をのがさないように。この本では、甘酢漬け、塩らっきょうの2種類をご紹介しています。とくに塩らっきょうは発酵食品で、漬物がわりにおすすめ。1日5粒程度で、血流改善などの健康効果が認められるという報告もあります。ぜひ、手作りで毎日食べる習慣を。

血液サラサラ 疲労回復

らっきょうの甘酢漬け

らっきょうを塩漬けせずに、そのまま甘酢に漬け込む簡単な方法でご紹介します。手軽にでき、2週間ほどで食べられるので、初心者の方におすすめです。

■ らっきょうの甘酢漬けできれいになる理由

らっきょうの独特の香りや苦味は、硫化アリルという成分で、血流をスムーズにする働きがあり、血液サラサラなど動脈硬化予防に役立ちます。また硫化アリルは、疲労回復ビタミンと呼ばれるビタミンB_1の吸収をよくするため、体の疲れにもおすすめ。ビタミンB_1は豚肉に多いので、らっきょうと一緒に食べると健康効果の高い食べ合わせに。また甘酢に漬けることで、酢のクエン酸効果で疲労回復効果がアップ。

[作るのに適した時期] らっきょうの旬の時期は6月。時期をのがさないよう、5月末から店頭をチェックして。

[保存方法＆消費目安] 冷暗所で保存し、ふたをあけなければ、約1年保存可能。ふたをあけたら冷蔵庫で保存し、2〜3カ月で食べきります。

[おいしい食べ方、使い方] そのまま、おつまみとして。カレーライスのおともには最適です。料理に利用するなら、ピクルスがわりに、刻んでサラダやあえものに加えたり、トッピングにしてもおいしい。

材料（作りやすい分量）

らっきょう…1kg
塩…大さじ2弱
●甘酢
A　水…150㎖
　　三温糖…150g

酢…400㎖
赤唐辛子…1〜2本

＊甘酢にはちみつ大さじ2、みりん100㎖を加えると、味にコクと深みが出てさらにおいしくなる。

作り方

1 甘酢を作る。鍋にAを入れて火にかけ、かきまぜながら砂糖をとかす。ひと煮立ちさせて火を止める。

2 酢を加え、赤唐辛子を入れ、そのまま置いて完全に冷ます。

3 らっきょうは1株ずつに分け、根を切り落とす。深く切らずに、根に沿って小さく切るといい。茎がついていれば切り落とす。

4 3をざるに入れ、水をはったボウルに浸し、ぐるぐる回してよく汚れを落とし、流水で洗い流す。

5 表面の皮をむく。黒い部分や黄色に変色している部分は、それがなくなるまでむく。液のにごりや腐敗の原因になるので皮むきはていねいに。

6 5をボウルに入れ、塩をふって、手で全体にまぜる。流水で洗ってざるにあげる。

7 鍋にたっぷりの湯（分量外）を沸かし、らっきょうを10秒浸し、すぐにざるにあげる。こうすることで、らっきょうの歯ごたえがよくなる。

8 らっきょうの水けをしっかりきり、キッチンペーパーの上に広げて完全に冷ます。冷めたら保存びんに入れ、2の甘酢を注ぐ。

9 びんを数回上下にゆすって甘酢をなじませる。

10 冷暗所に置いて漬ける。2週間後くらいから食べられる。

らっきょうQ&A

Q らっきょうの芽が出てしまいました。
A らっきょうは芽がのびるのが早いので、買ってからそのまま放っておくと、芽がどんどんのびてしまいます。芽がのびると、らっきょうがやわらかくなって、独特のパリパリとした歯ごたえがなくなるので、買ったらできるだけ早く漬け込むのがおいしく作るコツです。

Q らっきょうはどうして熱湯に浸すの？
A らっきょうを熱湯に10秒ほど浸すことで、歯ごたえをよくするほか、殺菌、水きりがよくなる効果もあります。ただし、熱湯からすぐに引きあげないと、らっきょうが煮えてやわらかくなってしまうので注意。面倒なら、熱湯をまわしか

けるだけでもいいです。

Q 甘酢液は熱いものを入れてはだめですか？
A 完全に冷ましてください。熱いまま入れるとらっきょうが煮えたようになり、歯ごたえが悪くなります。

Q 洗いらっきょうを使ってもいいですか？
A スーパーには、収穫したそのままの「泥らっきょう」、根と茎を切って皮をむき、芽が出ないよう塩水で洗った「洗いらっきょう」が売られています。時間がなかったり、下処理が面倒なら洗いらっきょうを使ってもかまいません。

シンプルな料理にらっきょうでアクセント。
香味野菜のように使って

甘酢らっきょうとたこ、トマトのカルパッチョ

材料（2人分）

らっきょうの甘酢漬け…6個
ゆでだこの足…2本
トマト…½個
青じそ…4枚
オリーブ油…大さじ3
塩、こしょう…各少々

作り方

1 甘酢らっきょうはあらみじんに刻む。たこの
　足は1cm幅に切る。トマトは1cm角に切る。
　青じそは1.5cm角に切る。

2 1をすべてボウルに入れ、塩、こしょうをふ
　ってオリーブ油を全体にからめる。（平岡）

甘酢らっきょうをピクルスがわりに。
マヨネーズ＆卵との相性は抜群

甘酢らっきょうとゆで卵のタルタルサラダ

材料（3人分）

らっきょうの甘酢漬け…6個
ゆで卵…6個
万能ねぎ…1本
A｜マヨネーズ…大さじ5
　｜オリーブ油…大さじ2
　｜塩、こしょう…各少々

作り方

1 甘酢らっきょうはあらみじんに刻む。ゆで卵
　は手で4等分に割る。万能ねぎは小口切り
　にする。

2 1をすべてボウルに入れ、Aであえる。好み
　で甘酢らっきょう（分量外）を添える。（平岡）

腸内環境アップ
血糖値コントロール

塩らっきょう

らっきょうを塩水に漬けた保存食です。2週間ほどすると自然に乳酸発酵してきます。らっきょう＋発酵食品の2つの健康効果が実感できます。

■ 塩らっきょうできれいになる理由

　らっきょうには水溶性食物繊維のフルクタンが豊富に含まれています。水溶性食物繊維の含有量は野菜の中でNo.1です。水溶性食物繊維は腸内で糖質を包み込んで、吸収を抑えるため、血糖値の上昇をゆるやかにする効果が期待できます。また、腸内細菌のエサになることから、善玉菌を増やし、腸内環境改善に役立ちます。さらに塩らっきょうの場合は発酵食品なので、乳酸菌の働きで腸内環境改善の効果がアップ。

[作るのに適した時期] 旬の時期は6月。時期をのがさないよう、5月末から店頭をチェックして。

[保存方法＆消費目安] 冷暗所で保存。塩水漬けの状態で約1年保存可能。塩抜きをしたら保存容器に入れ、冷蔵庫で保存し、1〜2カ月で食べきります。塩らっきょうを甘酢に漬けた場合、ふたをあけなければ冷暗所で約1年保存可能。ふたをあけたら冷蔵庫で保存し、3カ月くらいで食べきります。

[おいしい食べ方、使い方] 塩らっきょうは、塩水に漬けた状態から、食べる分だけを塩抜きして、塩らっきょうのまま食べてもいいし、甘酢などの調味液につけ直すこともでき、ひとつで何通りもの味が楽しめます。

材料（作りやすい分量）
らっきょう…1kg
塩…大さじ2弱
A｜水…700〜750㎖
　｜塩…150g

作り方

1 らっきょうは1株ずつに分け、根を切り落とす。深く切らずに、根に沿って小さく切るといい。茎がついていれば切り落とす。

2 らっきょうをざるに入れ、水をはったボウルに浸し、ぐるぐる回してよく汚れを落とし、流水で洗い流す。

3 表面の皮を、ていねいにむく。黒い部分や黄色に変色している部分は、それがなくなるまでむく。

4 5をボウルに入れ、塩をふって、手で全体にまぜる。流水で洗ってざるにあげる。

5 鍋にたっぷりの湯（分量外）を沸かし、4を10秒浸し、すぐにざるに引きあげ、水けをしっかりときる。こうすることで、らっきょうの歯ごたえがよくなる。

6 Aの水と塩を合わせ、かきまぜて塩をとかす。

7 保存びんにらっきょうを入れ、6の塩水を注ぐ。

8 ふたをして、冷暗所で約2週間漬け込む。1日1回、びんの上下を返すようにして全体をまぜる。

2週間後

9 泡が浮いてきたら発酵している証拠。この塩水漬けの状態で、冷暗所で約1年保存できる。たまにふたをはずしてガスを抜くといい。

●塩らっきょうとして食べるときは

好みの量をボウルに移し、たっぷりの水に浸し、ときどき水を替えながら、1〜2日、好みの加減に塩抜きをする。塩が抜けたら保存容器に入れる。

●甘酢に漬ける場合

上記と同様に、塩を抜いた塩漬けらっきょうを熱湯に10秒ほど入れてすぐにざるにあげて水けをきる。キッチンペーパーに広げて水けを拭く。

びんに入れ、甘酢（P34の甘酢の材料、作り方と同様）を入れる。冷暗所に置き、約10日後から食べられる。

らっきょうの塩けが調味料がわり。
あたたかいごはんにのせて

塩らっきょうのだし風あえもの

材料（2人分）

塩らっきょう（塩抜きしたもの）…6個
なす…長め1本
きゅうり…1本
みょうが…3本
納豆昆布…8g
A｜ しょうゆ…小さじ2
　｜ 白だし、みりん…各大さじ2
　｜ 酒（煮きったもの）…大さじ2
　｜ 白いりごま…大さじ3

作り方

1 塩らっきょうは、あらく刻む。
2 なすは縦半分にして半月切りし、塩水（分量外）に3分浸し、ざるにあげて水けをしっかりきる。きゅうりは薄い輪切りにし、塩（分量外）をふってもみ、出てきた水をしぼる。みょうがは輪切りにし、氷水にさらしてしっかり水けをきる。
3 ボウルに1、2、納豆昆布を入れ、Aを加えてあえ、白ごまをふる。（平岡）

らっきょうの歯ごたえが心地いい、酒の肴におすすめ

塩らっきょうの豚肉巻き

材料（2〜3人分）

塩らっきょう（塩抜きしたもの）
　…12個
豚肩ロース薄切り肉…12枚
塩、こしょう…各少々
オリーブ油…小さじ2

作り方

1 豚肉を広げ、らっきょうをのせてくるくると巻き、塩、こしょうをふる。
2 フライパンにオリーブ油を熱し、1をころがしながら焼いて肉に火を通す。
（平岡）

みそ

大豆と麹、塩で作る伝統的な保存食です。昔からみそは医者いらずの食品といわれてきましたが、近年、その栄養価や健康効果の研究が進み、日本が誇るパワーフードとして注目を集めています。

■ みそできれいになる理由

みその原料である大豆は、別名・畑の肉と呼ばれ、植物性たんぱく質が豊富な食品です。また大豆油に含まれるリノール酸や大豆レシチンには、悪玉コレステロールを抑える働きが期待できます。老化防止ビタミンと呼ばれるビタミンＥも多く、皮膚粘膜を健康に保つ働きや、血流をよくする働きも認められます。大豆の食物繊維、大豆オリゴ糖は腸内の善玉菌のエサとなり、腸内環境改善に役立ちます。このように大豆は栄養価にすぐれていますが、消化吸収が悪いという難点があります。しかしみその場合、麹によって発酵、栄養が適度に分解されていることで、より吸収されやすい形になっているのが大きな利点です。

[作るのに適した時期] みそを仕込むのにもっとも適した時期は、１～２月。みそは寒仕込みといって、冬に仕込み、春、夏と徐々に発酵熟成が進み、気温が下がる秋にみそになっているという、自然のサイクルで作るのがおいしいとされます。

[保存方法＆消費目安] みそは発酵保存食なので、腐ったりはしませんが、時間の経過と温度の影響によって、色や味が変化していきます。冷暗所で保存し、約1年で食べきるようにしましょう。発酵熟成が進まないようにするには、冷凍保存もおすすめです。

[おいしい食べ方、使い方] そのまま野菜につけたり、ごはんにのせてみそを味わって。みそ汁やみそ鍋など、汁ものの味つけに。肉や魚などの煮物や炒めものの調味料として使うと、魚や肉のくさみをやわらげます。

材料（作りやすい分量）
大豆…600g
米麹…600g
塩…300g

作り方

1 大豆はたっぷりの水につけ、一昼夜（18〜20時間）置く。

2 つけておいた水ごと大豆を鍋に入れ、火にかける。沸騰したら弱火にし、アクをとり、常に豆が湯につかっているようたっぷりな状態にして、やわらかくなるまで煮る（指で押さえて簡単につぶれるくらいまで）。

3 手で米麹をポロポロになるまでほぐし、塩を加えて手ですり合わせるようにしてよくまぜる。

4 大豆が煮えたら、煮汁と豆に分ける（汁はかたさの調整に使うのでとっておく）。豆はボウルに移し、マッシャーでつぶす。つぶし方は好みで、粒が残らないくらいまでつぶせば、ねっとりとしたみそになる。粒々が残るようにあらくつぶしても豆の食感が残っておいしい。

5 塩をまぜた米麹を、つぶした大豆に加える。

6 手で底から返しながら、全体が均一になるまで、十分にまぜ合わせる。

7 だんごを作るように、手のひらで丸くする。ポロポロしてまとまらない場合は、とっておいた煮汁少々を加えて、かたさを調整する。

8 みそ用のたるなどの保存容器(焼酎で中を拭いておく)に、だんごにした大豆をたたきつけ(空気を抜くため)ながら、すきまをあけずに入れていく。

9 大豆を全部入れたら、空気を抜くように表面を手で押し、平らにならす。

10 焼酎で湿らせたガーゼ(よくしぼったもの)、ラップをかぶせ、容器にふたをして冷暗所に半年〜10カ月置いて、発酵、熟成させる。

半年後

11 半年寝かしたもの。かぶせたガーゼはカビで覆われていて(写真左)、みその表面にもカビが生えている(写真右)が、気にしなくていい。ラップをはずし、表面のカビはとり除く。

12 カビの部分は、周辺も含め、少し厚めにそぎとる。

13 みそのでき上がり。みそを仕込んだ時期にもよるが、9〜10カ月たってからが食べ頃。保存容器に移して冷蔵庫で保存。たるのまま冷暗所でさらに熟成させる場合は、焼酎で湿らせたガーゼ(よくしぼったもの)、ラップをかぶせ、ふたをしておく。カビが生えたら、再度とり除く。

Q みそをどのくらい仕込んでいいのかわかりません。

A 一般的にスーパーで売られている1パックは500〜600g
です。この本でご紹介した材料でみそを仕込むと、でき上
がり量は約1.5kgなので、約3パック分ということになりま
す。はじめてみそ作りをするのなら、まずはこの量から始
めてみて、もっと作りたいと思ったら、次は倍量に増やす
などしてみましょう。

Q みそはやはり寒い時期に仕込んだほうが

A いいのでしょうか?

みそは冬に仕込むのが一般的ですが、ほかの季節にみそ
の仕込みができないわけではありません。冬は気温が低
くゆっくりと発酵し、気温が高くなる夏に発酵が進むた
め、ひと夏越えることで、みそらしい味わいや風味が生ま
れます。夏場に仕込むこともできます。その場合、発酵が
早く進むため、色の濃いみそになります。

Q 大豆を煮るとき、圧力鍋を使ってもいいですか?

A OKです。圧力鍋なら短時間でやわらかくふっくらと煮上
がります。ただし、圧力鍋で煮る場合は、豆の量は鍋の深
さの1/3以下にしてください。一度に煮ることができない場
合は、何回かに分けて煮てください。また加圧時間は10
〜20分で、お使いの圧力鍋によって変わりますので、調整
してください。

Q みその表面のカビが気になります。

A 本当に大丈夫でしょうか?

みそ作りにカビはつきもの。カビが表面にどんなに出て
も大丈夫です。カビの部分をとり除けば問題なく食べられ
ます。それでも少しでもカビを少なく抑えるには、P42〜
の作り方のように、焼酎で湿らせたガーゼをみその表面
にのせ、ぴったりとラップをして、少しでも空気との接触
を減らすといいでしょう。

豚肉の脂身と相性がいいみそ。
肉のうま味が増しておいしくなる

たけのこと豚バラ肉の
みそ炒め

材料(2人分)

豚バラ薄切り肉…150g

水煮たけのこ…小1本(150g)

グリンピース(塩ゆで)…大さじ1

A | 酒…大さじ1弱
　 | みそ…大さじ1弱

サラダ油…小さじ1/2

砂糖…大さじ1弱

しょうゆ…少々

作り方

1 豚肉は長さを3〜4つに切る。たけのこは根元の部分
は7mm厚さの半月切り、穂先は縦6〜8つに切る。Aは
まぜ合わせておく。

2 フライパンに油をひいて豚肉を並べ入れ、焼き色がつ
くまで両面ともしっかり焼く。肉をとり出し、たけのこを
入れ、肉から出た脂を使って焼き色がつくまで炒める。

3 豚肉を戻し入れ、砂糖を加えてとけるまで炒める。Aを
加えて全体にからむように炒め合わせ、しょうゆをたら
して香りをつける。器に盛り、グリンピースを散らす。(脇)

材料（2人分）

さば（三枚におろしたもの）…½尾分

ごぼう…20cm

万能ねぎ…2〜3本

しょうが（せん切り）…1かけ分

塩…小さじ⅕

A | 水…200mℓ
　 | 砂糖…大さじ2
　 | 酒、みりん、みそ…各大さじ3
　 | しょうゆ…大さじ1

作り方

1 さばは血合いの両側に包丁を入れ、小骨が並ぶ部分を切りとり、腹骨をとる。身を4cm長さのひと口大に切る。

2 ごぼうはたわしで洗って、ささがきにする。塩を加えた熱湯でさっとゆで、ざるにあげて湯をきる。万能ねぎは4cm長さに切る。

3 フライパンにAを入れ、中火にかける。煮立ったらごぼうを加え、3分ほど煮てしょうが、さばを加える。ときどき煮汁をさばにかけ、ふたをして5分、ふたをとってさらに5分煮て、万能ねぎを加えて火を止める。（藤野）

みその風味を生かすには、
グラグラと煮立てないのがコツ

さばとごぼうのみそ煮

熱いお茶をざっとかけてどうぞ。
立ち上る湯気にみその香り！

あじのなめろう茶漬け

材料（2〜3人分）

ごはん（熱いもの）…300g

あじ（刺し身用）…2尾分（150g）

長ねぎ…3cm

みょうが…1個

しょうが（すりおろし）…小さじ1

みそ…大さじ1½

お茶（熱いもの）…適量

作り方

1 あじはおろして、皮をひくようにとり、端から6mm幅に切り、包丁であらくたたく。

2 長ねぎはあらいみじん切りに、みょうがは縦4等分に切って薄切りにする。

3 1にみそ、2をのせ、さらに包丁で細かくたたく。

4 器に熱いごはんを盛り、3としょうがをのせ、熱いお茶をかけていただく。（大庭）

鶏ひき肉とみそで作った肉みそが、
大根の味を引き立てる

大根のふろふき風肉みそがけ

材料（2人分）

大根…10㎝（400g）
昆布だし…1カップ
みりん…大さじ1
●肉みそ
鶏ひき肉…150g
サラダ油…小さじ1
酒…大さじ2

A みそ…大さじ2
　水…大さじ3
　みりん…大さじ1
　砂糖…小さじ1
　しょうが（すりおろし）
　　…小さじ½

作り方

1 大根は2.5㎝厚さに切り、皮を厚めにむいて面取りする。鍋に大根、多めの水、米大さじ1（分量外）を入れて中火にかける。煮立ってきたら、ふたをして弱火で20〜30分、大根がやわらかくなるまでゆでる。そのままおいて冷ます。

2 大根を水で洗い、昆布だしとともに鍋に入れて中火にかける。煮立ってきたら、みりんを加えて10分ほど煮る。

3 肉みそを作る。小鍋にサラダ油を入れてなじませ、ひき肉をほぐすように炒める。肉の色が変わったら、酒をふり、Aを加えてまぜる。弱火で汁けをとばすようにして炒める。

4 器に大根を盛って煮汁を注ぎ、肉みそをかけ、好みでゆずの皮少々を散らす。（大庭）

材料（2人分）

ピーマン…6個
オリーブ油…小さじ1
A みそ…小さじ2
　みりん…小さじ2
　酒…小さじ2
　水…大さじ1
削り節…1パック

作り方

1 ピーマンはへたの部分を親指で押してへたを中に押し込み、指先でつまんでへたと種をとり出す。

2 耐熱ボウルにピーマンを入れてオリーブ油をからめて、まぜ合わせたAをかける。ラップをふんわりとかけて電子レンジで4分加熱し、上下を返してさらに1分30秒ほど加熱する。削り節をふって全体をまぜ、ラップを材料に密着させるようにかけ直して2分ほど置き、味をなじませる。（今泉）

みその風味とピーマンのクセが
よく合う、スピードおかず

ピーマンのまるごとレンジ煮

やわらかなごぼうに、みそがしみた風味がたまらない

ごぼうのみそ煮

材料（2〜3人分）

ごぼう…約100g

ごま油…小さじ½

A｜しょうゆ、砂糖…各大さじ½
　｜だし…25㎖

みそ…大さじ1

作り方

1 ごぼうは3㎝長さの角切り。水に
　つけてアク抜きし、水けをきる。

2 鍋にごま油をひき、1を炒め、Aを
　加えて炒め煮にする。

3 みそを加えて煮汁をからめながら
　炒める。

4 好みで七味とうがらしをかける。

（トミタ）

材料（2人分）

アスパラガス…1束

卵…4個

ごぼう…30㎝

にんじん…10㎝

A｜みそ…100g
　｜みりん…50㎖

作り方

1 アスパラガスは根元のかたいところ
　を落とし長さを半分に切り、かために
　ゆでる。卵はかたゆでにして殻をむく。

2 ごぼうは皮をこそげる。ごぼうとにん
　じんはそれぞれ10㎝長さの拍子木切
　りにして、かためにゆでる。

3 Aをまぜ合わせ、¼量を野菜を包みこ
　むようにのせて、ラップで包む。

4 3と同じように卵もラップを広げて残
　りのAで全体を包むようにする。（豊口）

野菜、卵はかためにゆでて、みそに漬けるのがポイント

3種の野菜と卵のみそ漬け

酒粕と白みそを使って、こっくりと。
和風テイスト

酒粕みそシチュー

材料（2人分）

酒粕…50g	白みそ…大さじ1½
かぶ…2個	牛乳…200㎖
ぶり（切り身）…1切れ	A かたくり粉
にんじん…¼本	…大さじ½
じゃがいも…1個	水…大さじ1
だし…200㎖	

作り方

1 かぶは茎を少し残して皮をむき、くし形に切る。にんじん、じゃがいもはひと口大に切る。ぶりもひと口大に切り、さっと熱湯を回しかけておく。

2 酒粕はこまかくちぎり、だし少量を加えて、やわらかくしておく。

3 鍋に残りのだしと1を入れて煮る。野菜に火が通ったら、2を加える。

4 白みそ、牛乳を入れ、Aの水どきかたくり粉を加えて煮立て、ゆるくとろみをつける。（豊口）

ひき肉は合いびきでも、鶏でも。
多めに作って常備しておくと便利

餅のせ小松菜のみそ炒め

材料（2人分）

小松菜…½束	サラダ油…大さじ½
しょうが…½かけ	A 砂糖、酒、みそ
長ねぎ…¼本	…各大さじ½
豚ひき肉…50g	切り餅…4個

作り方

1 しょうがと長ねぎをみじん切りにする。小松菜も細かく切る。

2 フライパンにサラダ油を熱し、しょうが、長ねぎを炒め、豚ひき肉を入れてポロポロになるまで炒める。小松菜を加えてしんなりしたらAを加えてさらに炒める。

3 切り餅を焼き、さっと熱湯に通して皿に盛り、2を上からたっぷりかける。（豊口）

材料（2人分）

かき…8個（約160g）　マヨネーズ…大さじ2
塩…少々　　　　　　　卵黄…½個分
ほうれんそう…¼束　　みそ…小さじ1

作り方

1 かきはざるに入れて塩をふり、水の中でふり洗いして水けをきる。鍋で沸騰させた湯に入れさっとゆでて水けをよくきる。

2 ほうれんそうはゆでて冷水にさらし、水けをよくしぼり、3cm長さに切る。

3 ボウルにマヨネーズ、卵黄、みそを入れてまぜる。

4 耐熱容器にほうれんそうを入れ、かきを並べ、3をかける。

5 220℃のオーブンまたはグリルかオーブントースターで焼き色がつくまで焼く。（豊口）

マヨネーズと卵黄をまぜた
みそで焼く、簡単グラタン

かきのみそマヨグラタン

材料（2人分）

里いも…100g　　　全粒粉…大さじ1
キャベツ…100g　　だし…300㎖
玉ねぎ…½個　　　　みそ…大さじ1
にんじん…40g　　　豆乳…200㎖
オリーブ油…大さじ1　塩…少々

作り方

1 里いも、玉ねぎ、にんじんは1cm角に、キャベツはざく切りにする。

2 鍋にオリーブ油を熱して玉ねぎ、にんじんを入れ、焦がさないように弱火で炒める。しんなりしたら全粒粉をふり入れて炒め、粉けがなくなったらだしを注ぐ。

3 鍋底からまぜながら煮て、とろみがついたら里いもとキャベツを加え、ときどきまぜながら里いもに火が通るまで煮る。

4 みそをとき入れ、豆乳を加えてのばす。煮立てないように温め、塩で味をととのえる。（石澤）

豆乳を入れたら煮立てないように
するのが分離しないコツ

里いもとキャベツの豆乳チャウダー

ココナッツ
ヨーグルト

ココナッツミルクに乳酸菌を加えて発酵させたヨーグルトです。100％植物性が嬉しいとの声も。ココナッツ独特のコクと甘い香りに、発酵したほのかな酸味でクセになる味。

■ ココナッツヨーグルトできれいになる理由

ココナッツヨーグルトは、ココナッツミルク（ココナッツの胚乳に水を加え、裏ごししてしぼったもの）を乳酸菌で発酵させたもの。腸内環境を整える働きを持ちます。牛乳由来ではないため、乳製品アレルギーの人、乳糖不耐性の人にも安心。糖質量が普通のヨーグルトの½なので、糖質制限中でもOKです。話題のココナッツオイルを含むので、ダイエットにもおすすめ。

[作るのに適した時期] 一年中いつ作ってもOKですが、室温で発酵させるので、乳酸菌が活動しやすい気温20～25℃が作りやすいといえます。夏場や梅雨時期は、発酵させる際に雑菌が入らないよう、管理に注意を。

[保存方法＆消費目安] 冷蔵保存で、3日以内に食べきりましょう。冷蔵庫内でもゆっくり発酵が進みます。

[おいしい食べ方、使い方] ヨーグルトと同様の食べ方でOKですが、糖質制限中やダイエット目的で食べる場合は、甘味を加えずにそのまま食べましょう。

材料（作りやすい分量）

ココナッツミルク…400㎖
カスピ海ヨーグルトの種菌（市販品）…3g

作り方

1 煮沸消毒したびんに、ココナッツミルクを注ぎ、ヨーグルトの種菌をふり入れる。

＊乳酸菌にはさまざまな種類があるが、ここでは常温で発酵可能で、作り方が簡単な、カスピ海ヨーグルトの種菌を使用。

2 スプーンでかきまぜ、約25℃の場所に約2日間置いて発酵させる。春、秋は室温でOK。夏場はエアコンで温度管理をし、早めに冷蔵庫に入れる。逆に冬場は暖かい部屋に置いて温度管理をする。

3 ヨーグルトっぽい酸味がつき、とろとろしてきたら（ヨーグルトのようには固まらない）冷蔵庫に入れて保存する。

※2回目以降を作るときは、このココナッツヨーグルトを大さじ1程度残し、種として利用すると繰り返し作れる。固まらなくなったら、乳酸菌の働きが弱くなっているので、新たな種菌で作る。

美肌、アンチエイジングが期待できるチアシードをプラスして

ココナッツヨーグルトのチアシードがけ

ココナッツヨーグルト、食べやすい大きさに切ったパイナップルを器に入れ、水で戻したチアシード（チアシード1：水10の割合で戻したもの）を大さじ1、はちみつを好みの量かけて食べる。（平岡）

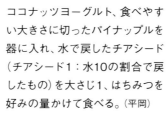

筋肉や骨を作る　腸内環境アップ
免疫力向上　自律神経のバランス

ヨーグルト

牛乳を乳酸菌で発酵させ
たヨーグルトは、牛乳の
栄養をそのまま受け継ぎ、
さらに発酵によって消化吸
収のいい栄養バランス食。
1日100ｇ食べると効果が
あるといわれています。

■ ヨーグルトできれいになる理由

　ヨーグルトには、動物性たんぱく質のほか、日本人
に不足しがちなカルシウムが豊富です。発酵によって
消化吸収されやすいのが特徴で、筋肉や骨などの体
の組織を作ります。また、乳酸菌の持つ酵素や成分
などが腸内環境を良好な状態に導きます。腸には、
免疫細胞の約7割が集まっているほか、自律神経と
も深い関わりがあり、腸をケアすることで、免疫力向
上、自律神経のバランスをととのえるのに大いに役立
ちます。

[作るのに適した時期] 一年中いつ作ってもOKですが、
室温で発酵させるので、乳酸菌が活動しやすい気温20
〜25℃が作りやすいといえます。夏場や梅雨時期は、発
酵させる際に雑菌が入らないよう、管理に注意を。
[保存方法＆消費目安] 冷蔵保存で、3日以内に食べきり
ましょう。冷蔵庫内でもゆっくり発酵が進みます。
[おいしい食べ方、使い方] 甘味を加えずにそのまま。腸
内の善玉菌のエサとなるオリゴ糖が豊富なはちみつをか
けたり、食物繊維が豊富なフルーツやシリアルと一緒に
食べると、便秘改善にさらに効果的。

材料（作りやすい分量）
牛乳…500㎖
カスピ海ヨーグルトの種菌（市販品）…3g

作り方

1 煮沸消毒したびんに牛乳を注ぎ、ヨーグルトの種菌をふり入れる。

＊乳酸菌にはさまざまな種類があるが、ここでは常温で発酵可能で、作り方が簡単な、カスピ海ヨーグルトの種菌を使用。

2 スプーンでかきまぜ、約25℃の場所で約24時間置いて発酵させる。春、秋は室温でOK。夏場はエアコンで温度管理をし、早めに冷蔵庫に入れる。逆に冬場は暖かい部屋に置いて温度管理をする。左ページのように固まったら、冷蔵庫に入れる。

※2回目以降を作るときは、このヨーグルトを大さじ1程度を残し、種として利用することも可能。固まらなくなったら、乳酸菌の働きが弱くなっているので、新たな種菌で作る。

はちみつのオリゴ糖＆乳酸菌は
腸にいい最高の組み合わせ

ヨーグルトのはちみつがけ

ヨーグルトに、はちみつをたっぷりかけてどうぞ。

忙しい朝でも、手軽にエネルギーを
チャージできる1杯

パプリカとマンゴーの
ヨーグルトスムージー

材料（グラス2杯分）・作り方
マンゴー（½個）、黄パプリカ（⅓個）、バナナ（1本）を適当な大きさに刻んでミキサーに入れる。牛乳（200㎖）、ヨーグルト（大さじ4）を加えて、なめらかになるまでかくはんする。（平岡）

ヨーグルトの乳酸菌は熱に弱いので、最後に加えるのがポイント

鶏ひき肉とモロヘイヤのヨーグルトカレー

材料（2人分）

豚ひき肉…150g

トマト…小1個（100g）

モロヘイヤ…1袋（正味40g）

プレーンヨーグルト…150g

玉ねぎ…¼個（50g）

にんにく…½かけ

赤唐辛子…1本

ローリエ…½枚

サラダ油…大さじ½

カレー粉…大さじ1

A｜しょうゆ…小さじ2
　｜ウスターソース…大さじ1
　｜湯…200mℓ

塩、こしょう…各少々

作り方

1 ヨーグルトはキッチンペーパーを敷いたざるにのせ、20分ほど置いて水けをきる。

2 トマトは1cm角に切り、玉ねぎ、にんにくはみじん切りにする。モロヘイヤは葉を摘んで1cm幅に刻む。

3 フライパンにサラダ油を熱し、にんにく、豚肉を炒める。肉がポロポロになったら玉ねぎ、赤唐辛子、ローリエを加えて炒め、玉ねぎがしんなりしたらカレー粉をふり入れて炒める。

4 トマト、Aを加え、ときどきまぜながら汁けがほとんどなくまで煮る。

5 モロヘイヤを加え、しんなりしたら塩、こしょうで味をととのえ、ヨーグルトを加えてまぜる。（検見﨑）

ヨーグルトを水でのばしてスープにし、みそで味つけ

ツナときゅうりの冷たいヨーグルトスープ

材料（2人分）
ツナ（缶詰）…1缶分（70g）
きゅうり…1本
プレーンヨーグルト…150g
みそ…小さじ2
白いりごま…大さじ1
塩…少々

作り方

1 ツナは汁をよくきり、アルミホイルの上にのせて広げ、グリルで3〜4分焼く。

2 すり鉢に1を入れてすりつぶし、みそ、ごまを加えてすりまぜる。ヨーグルトを加えてさらにすりまぜ、冷水¾カップ（分量外）を加えてなめらかになるまですりのばす。

3 きゅうりは皮を縞目にむいて薄い小口切りにする。塩でもんでしんなりさせ、水洗いして水けをしぼる。

4 器に3を盛り、2を注ぐ。（検見﨑）

キムチとヨーグルトを一度にとれる
パワフルなあえもの

たことキムチのヨーグルトあえ

材料（2人分）
ゆでだこ…80g
白菜キムチ…100g
プレーンヨーグルト…100g
レモン汁…大さじ1

作り方

1 ヨーグルトはキッチンペーパーを敷いたざるにのせ、20分ほど置いて水けをきる。

2 たこは1cm幅に切り、キムチは食べやすく切る。

3 ヨーグルトにレモン汁を加え、2をあえる。器に盛り、あれば香菜を添える。（検見﨑）

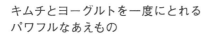

淡泊なめかじきを、ヨーグルトでしっとり、
さっぱりと焼き上げる

めかじきのヨーグルト焼き

材料（2人分）

プレーンヨーグルト…¼カップ
めかじき（切り身）…2切れ
A ┃ マヨネーズ…大さじ1
　 ┃ 塩、粗びきこしょう…各少々
スナップえんどう…適量

作り方

1 めかじきは塩（分量外）をふり、しばらくおく。

2 キッチンペーパーでヨーグルトの水けをきり、
Aを入れてよくまぜる。

3 魚焼きグリルでめかじきを両面焼き、最後に
上に2をのせて軽く焦げ目がつくまで焼く。

4 器に盛り、ゆでたスナップえんどうを添える。
（豊口）

材料（2人分）

鶏もも肉（皮なし）…90g
こしょう…少々
A ┃ プレーンヨーグルト…大さじ2
　 ┃ 玉ねぎ（みじん切り）…大さじ1
　 ┃ にんにく（すりおろし）…小さじ½
　 ┃ カレー粉、トマトケチャップ、砂糖、
　 ┃ レモン汁…各小さじ1
サラダ油…小さじ1
レモン（くし形切り）、サラダ菜、塩…各適量

作り方

1 鶏もも肉はめん棒などでたたきのばし、こし
ょうをふる。Aはまぜ合わせておく。

2 フライパンにサラダ油を入れて熱し、鶏肉を
入れて両面を焼く。火が通ったらAをからめ
ながらさらに焼く。

3 食べやすく切り分けて器にのせ、フライパン
に残ったたれをかける。レモンとサラダ菜を
添え、塩をふる。（秋山）

ヨーグルトを使うと肉がやわらかく、
くさみも抜ける

タンドリーチキン風

Part 2
野菜の発酵食

ぬか漬け、キムチ、ザワークラウト…。
世界には野菜を使った発酵食がさまざまあります。どれも先人の、
野菜を長持ちさせ、おいしく食べる知恵と工夫が詰まったものばかり。
最近ではその健康効果が注目を集めています。

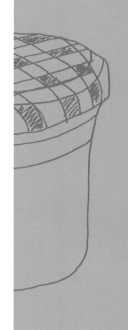

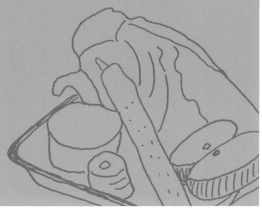

腸内環境アップ
免疫力向上
花粉症予防
美肌

ぬか漬け

和食は世界遺産に登録されていますが、その理由のひとつがバラエティに富んだ発酵食品の数々。ぬか漬けは世界に誇る日本の代表的な発酵食品です。時間をかけてぬか床を育てていくことでおいしさが生まれます。

■ ぬか漬けできれいになる理由

ぬか漬けに含まれる多くの乳酸菌は植物性乳酸菌で、過酷な環境下でも生き抜く力があるとされ、生きたまま腸に届きやすいといわれています。乳酸菌を毎日とることで、腸内細菌は活性化、善玉菌が増えて腸内のバランスが整いやすくなります。また同時にとれる野菜の食物繊維が便通をよくし、腸内細菌のエサとなることで腸内環境を改善。ダブルの効果が期待できます。人の腸管には7割以上の免疫細胞が集中しています。風邪予防や花粉症などのアレルギー予防など、免疫システム強化には腸内環境を整えることがもっとも近道です。さらに、ぬかに含まれるビタミンB群は、たんぱく質の代謝を促すなど、美肌作りにも役立ちます。

[作るのに適した時期] 一年中いつ始めてもかまいませんが、ぬか床は20〜25℃くらいの温度のところに置くのが管理しやすいので、はじめての方は、春や秋からスタートしてはいかがでしょう。

[保存方法＆消費目安] ぬか床は常温で保存し、毎日1回はかきまぜます。ただし、夏場の気温が30℃を超える時期は発酵が進みすぎるので、冷蔵庫に入れてもいいでしょう。ぬか床は親から子へと受け継がれるものもあるくらい、手入れがよければ半永久的です。漬けた野菜は、冷蔵庫で保存し、2日ほどで食べきりましょう。

[おいしい食べ方、使い方] ほとんどの野菜は漬けられます。ごぼうなどのかたい野菜は一度ゆでてから漬けるといいでしょう。野菜以外なら、ゆで卵、チーズ、ウインナーソーセージなどもおいしいです。

ぬか床

材料（作りやすい分量）

米ぬか…1kg
塩…120g
水…5カップ
A｜赤唐辛子（種を除く）…2〜3本
　｜だし昆布…2〜3cm
　｜煮干し…10尾
　｜にんにく…3かけ
　｜しょうが…1かけ
　｜卵の殻…2個分
捨て漬け用の野菜（にんじん、大根）…適量

作り方

1 ぬか床を作る。塩と水を鍋に入れて火にかけ、軽く煮立てて塩をとかし、火を止める。そのまま冷めるまで置く。

2 米ぬかをボウルに入れ、1を2〜3回に分けて加え、手でまぜる。

3 均一になるよう、手でよくまぜ合わせる。

4 Aを入れてまぜる。にんにく、しょうがはまるごと、卵の殻も砕かず加え、ざっとまぜ合わせる。

5 保存容器に移して、ぬか床の完成。

6 捨て漬けをする。大根やにんじんの端、キャベツの外葉や大根の葉などに塩をまぶして、ぬか床に漬け込む。野菜くずを漬けることで、ぬか床の乳酸菌や酵母などを増やし、発酵を促す。

7 野菜くずをぬか床の中に入れたら、表面を平らにならしておく。

8 翌日にとり出し、この野菜は食べずに、また別の野菜を漬け込む。作り方6〜8の捨て漬けを1週間繰り返す。野菜についたぬかは、手で落としてぬか床へ返す。

9 約1週間の捨て漬け期間が過ぎたら、本漬けする。好みの野菜(ここではきゅうり)に塩をまぶし、ぬか床に漬け込む。

10 ぬか漬けが漬かった状態(ここでは、きゅうり、ゆで卵のぬか漬け)。季節や温度、好みの漬かり具合にもよるが、夏場なら2〜3時間、それ以外ならひと晩くらいで漬かる。早く漬けたい場合は、切り込みを入れたり、小さく切るといい。

ぬか床の手入れの仕方

ぬか床は、できれば1日1回は必ずかきまぜましょう。マメな手入れを心がけることで、いい状態に発酵し、おいしいぬか漬けができます。

ぬか床を底から返すようにかきまぜ、空気を含ませて発酵を促す。

かきまぜたあとのぬか床は、手で表面を押しつけるようにして平らにしておく。

容器の側面についたぬかは、キッチンペーパーで拭きとって清潔にしておく。

ふたをして保管する。ぬか床は、20〜25℃くらいの温度の場所に置くのが理想。夏は風通しのいい涼しい場所に、冬は暖かい場所に移すといい。

ぬか漬けQ&A

Q 漬けていくうちに野菜から水分が出てぬか床がゆるくなりました。

A 新しいぬかと塩を足し、かきまぜてください。また、にんにくやしょうが、赤唐辛子、煮干し、昆布などが中途半端に残ったときは、ぬか床へ入れ、ぬか床を育てていきましょう。赤唐辛子などの薬味には、風味をつけるほか、防腐作用があります。

Q 旅行などで家をあけるときは？

A 野菜をすべてとり出し、ぬか床の表面を完全に覆うように塩をふり、冷蔵庫に入れましょう。帰ってきたら、そのままかきまぜれば大丈夫です。1カ月以上家をあけるなどの場合は、ぬか床を容器からポリ袋に移し、冷凍保存を。解凍すれば、問題なく使うことができます。

Q ぬか漬けが酸っぱい、味が変わってきたのですが…。

A ぬか床の上下を入れ替えるように、しっかりかきまぜましょう。かきまぜ方が足りないと、空気を嫌う乳酸菌がどんどん増えて酸味成分を多く作り出します。気温が高くなる夏場は酸っぱくなりがちなので、涼しい場所に移動させ、1日2回ほどかきまぜましょう。それができない場合は冷蔵庫で保存を。また塩は乳酸菌の働きを抑えるので、塩を多めにしてもいいでしょう。

Q ぬか床の表面にカビが生えたときは？

A カビが生えても、あわてなくて大丈夫。間違えてもぬか床を処分したりしないでください。カビの部分はまわりも含めてそぎとり、その分の新しいぬかと塩を足してよくかきまぜてください。

ぬか漬けコレクション

ぬか床に含まれる乳酸菌の力で野菜がおいしくなり、ビタミンも増えます。野菜によって漬かり具合は異なるので、実際に漬けて自分好みの漬け加減を見つけてください。卵やチーズなどもぬか漬けに向く食材です。

（写真ラベル）
- ゆで卵、きゅうり
- なす
- かぶ＆かぶの葉
- みょうが
- オクラ
- ミニモッツアレラチーズ

●ゆで卵、きゅうり　ゆで卵を漬け込むときは殻をむいて。卵の味わいが凝縮され、ぬかの風味も加わって独特のおいしさに。きゅうりはやや厚めに切って食べる。●なす　塩を適量すり込んで丸のままで漬け込む。食べるときにスライスする。●かぶ＆かぶの葉　かぶと葉を切り離して漬け込む。かぶは適量の塩をすり込み、皮をむかずに丸のまま、葉は塩をふってそれぞれ漬け込む。食べやすい形に切って皿に盛る。●みょうが　塩を適量すり込んで丸のまま漬け込む。食べるときは適宜スライスして。●オクラ　塩を適量すり込んで丸のまま漬け込む。形を生かして切らずに盛りつけても。●ミニモッツアレラチーズ　水を軽くきってから漬ける。塩けとぬか床の香りで、カマンベールのような熟成チーズの風味に。（平岡）

発酵食品の組み合わせで相性よし！ 濃厚なおいしさ

ぬか漬けクリームチーズのカナッペ

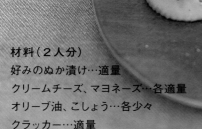

材料（2人分）
好みのぬか漬け…適量
クリームチーズ、マヨネーズ…各適量
オリーブ油、こしょう…各少々
クラッカー…適量

作り方
好みのぬか漬けをあらみじんに切り、クリーム
チーズ、マヨネーズ、オリーブ油であえる。クラ
ッカーにのせ、こしょうをふる。（平岡）

お酒のあとの締めにおすすめ

ぬか漬けと卵黄のせごはん

材料（1人分）
きゅうりのぬか漬け…⅓本
ごはん（熱いもの）…茶碗1杯
削り節、刻みのり…各適量
卵黄…1個
しょうゆ…少々

作り方
きゅうりのぬか漬けは細く切
り、ごはんにのせる。卵黄をの
せ、削り節、刻みのりをのせ、
しょうゆをかける。（平岡）

65

白菜キムチ

キムチは韓国を代表する発酵食品です。キムチというと白菜をまるごと漬ける大仕事と思う方が多いのですが、ざく切りにして少量漬ければ、手軽に作れ、浅漬けなら漬けた翌日くらいから食べられます。

■ キムチできれいになる理由

キムチにも、ぬか漬け同様に植物性乳酸菌が多く含まれています。腸内に届いた乳酸菌はそのまま腸内にとどまっているわけではありません。キムチを食べて乳酸菌を補給、腸内細菌を活性化しましょう。また、キムチの具材としてよく使われる白菜ですが、薬膳では腸の掃除をする野菜と考えられ、便秘解消に役立ちます。腸内環境が元気になることで、免疫力向上、便秘解消、美肌などさまざまな健康効果に役立ちます。さらに、キムチといえば唐辛子。唐辛子の辛味成分カプサイシンには代謝を促し、血流をよくし、体を温める作用があります。ただし、大量に食べると胃やのどの粘膜を荒らします。キムチは1日50gほどを目安に、毎日食べると効果を実感できます。

[作るのに適した時期] 家庭で少量作るなら、一年中いつでもOK。ただし、大きくて甘味を蓄えた白菜が出回るのは11〜2月なので、白菜キムチは冬に作るのがいちばんおいしいといえるでしょう。

[保存方法&消費目安] キムチの保存は10℃以下がよく、冷蔵庫での保存が適しています。温度が高いと発酵がどんどん進み、すぐに酸っぱくなってしまいます。冷蔵庫内でも発酵は進むので、2週間以内には食べきるようにしましょう。

[おいしい食べ方、使い方] そのままごはんのおかずや、酒のつまみに。焼き肉と一緒に食べると、消化を促進します。発酵が進んで酸っぱくなったら、炒めもの、鍋もの、煮物など加熱して食べてください。

材料（作りやすい分量）

白菜…¼株（約550g）

あら塩…約30g（白菜の重量の5％）

にら（4cm長さに切る）…4本分

にんじん（せん切り）…⅓本分

●キムチのもと調味液

※白菜¼株を漬ける場合、
キムチのもとは半量を使用

昆布…8cm

煮干し…大きめ20尾

白玉粉…大さじ1

砂糖…大さじ2

韓国産粉唐辛子（キムチ用）…60g

A｜いかの塩辛…80g

　　しょうが（すりおろし）…1かけ分

　　にんにく（すりおろし）…1かけ分

　　りんご（すりおろし）…⅓個分

　　白いりごま…大さじ2

作り方

1 白菜はざく切りにし、ざるに広げて干す。外なら2〜3時間、室内なら半日ほどを目安に。干すことで野菜の甘味が増し、調味液がしみ込みやすくなる。

2 煮干しの頭をとり、縦半分に割って内臓をとり除く。

●キムチのもと調味液を作る

キムチのもと調味液は、白菜キムチ、オイキムチ（P75）に共通。キムチのもとを作っておけば、ほかに、小松菜、にら、キャベツなどの野菜を漬けることができる。冷蔵庫で1カ月保存可能。

韓国産粉唐辛子は辛味の中に甘さがある。キムチ用はキムチ作りに合うようブレンドされているので便利。韓国食材店やインターネット通販で購入可能。また塩辛は、本来アミを使うが、ここでは手に入りやすいいかの塩辛を使用。アミの塩辛の場合も同量でOK。

3 鍋に水400mℓ、昆布、煮干しを入れ、30分以上浸しておく。

4 弱火にかけ、ゆらゆらと沸いてきたらアクを除き、火を止める。

5 昆布、煮干しをとり出す。

＼ だしをとった昆布と煮干しで、1品！ ／

細く刻んだ昆布と煮干しに、みそ、刻みねぎ、ごま油を加えてあえたもの。酒の肴におすすめ。

6 白玉粉は同量の水（大さじ1）を加えてとく。

7 5のだしを弱火にかけ、白玉粉を少しずつ加えながらまぜ合わせる。とろみが出るまでまぜる。

8 砂糖を加えてとかす。

9 粉唐辛子を加えてまぜ、火からおろす。そのまま冷ます。

10 完全に冷めたら、Aを加えてまぜる。

11 キムチのもと調味液が完成。保存容器に入れて冷蔵庫で約1カ月保存可能。多めに作れば、すぐにキムチを漬けることができる。

● 薬味用の野菜を漬け込む

12 11の半量の調味液に、にんじん、にらを加える。

よくまぜた状態。

13 1の干した白菜をボウルに入れ、塩をふる。

14 手でもみ込み、重しをして約5時間置く。

15 白菜をざっと水洗いして塩を落とし、キッチンペーパーなどを使って水けをしぼる。

16 白菜をボウルに入れ、12のキムチのもとを加え、よくまぜる。

17 匂いが出るのでジッパーつきの保存袋に移し、空気を抜いて冷蔵庫で漬け込む。浅漬けなら翌日から食べられる。

1週間後

写真は、1週間ほど漬け込んだ状態。唐辛子の色が少し退色して野菜になじみ、キムチ独特の酸味が出て食べ頃。

70

キムチも、卵でとじればマイルドに。辛いのが苦手でも大丈夫

キムチと豆腐の卵とじ

材料（2人分）

絹ごし豆腐…1丁　　しょうゆ…大さじ1/2
豚肉(薄切り)…150g　　白菜キムチ…1カップ
しめじ…1パック　　とき卵…2個分
鶏ガラスープの素　　万能ねぎ…4本
　（顆粒）…小さじ1

作り方

1 豆腐は軽く水けをきり、半分に切ってから1cm
　幅に切る。豚肉は2cm幅に切る。しめじは小房
　に分ける。万能ねぎは2cm長さに切る。
2 鍋に水200mlと豚肉を入れて煮立て、アクを
　とり、豆腐、しめじを加えて煮る。
3 鶏ガラスープの素、しょうゆ、キムチを加え、煮
　立ったら溶き卵を流し入れ、万能ねぎを散らし
　てふたをし、卵がかたまるまで蒸らす。(豊口)

キムチと豚肉は黄金の組み合わせ。
さっと作れて簡単、おいしい！

豚肉のキムチ炒め

材料（2人分）

豚ロース薄切り肉　　にんじん…20g
　…100g　　ごま油…小さじ2
キャベツ…60g　　白菜キムチ…60g
にら…40g　　だしじょうゆ…小さじ2
玉ねぎ…40g　　こしょう…少々

作り方

1 豚ロース肉は食べやすい大きさに切る。キャ
　ベツはざく切り、にらは4cm長さに切り、玉ね
　ぎ、にんじんは細切りにする。
2 フライパンにごま油を熱し、1を入れて炒める。
3 材料に火が通ったらキムチを加えて炒め、だし
　じょうゆ、こしょうで味をととのえる。(秋山)

キムチの辛味が、野菜の甘味を引き立て、
ごはんが進む一品

乳酸菌たっぷりのキムチの汁も
あますことなくスープに利用

キャベツと玉ねぎの豚キムチ炒め

豆腐とキムチの冷たいスープ

材料（2人分）
豚こま切れ肉…150g
キャベツ…¼個（約250g）
玉ねぎ…¼個
白菜キムチ…200g
塩、こしょう…各少々
塩麹…大さじ1
しょうゆ…小さじ1～1½
ごま油…小さじ2½

作り方

1 豚肉は食べやすい大きさに切り、塩、こしょうをもみ込んでおく。キャベツは食べやすい大きさにちぎる。玉ねぎは1cm幅のくし形に切る。

2 熱したフライパンにごま油小さじ1½をひき、キャベツを入れて強火でさっと炒め、いったん皿にとり出す。フライパンにごま油小さじ1を熱し、豚肉を焼きつけるように炒める。色が変わったら玉ねぎを加えてさっと炒め、キムチと塩麹も加えて炒め合わせる。

3 2のキャベツを戻し入れて全体をさっと合わせ、しょうゆを回し入れて味をととのえる。（植松）

材料（2人分）
絹ごし豆腐…½丁
白菜キムチ…50g
A｜冷水…300ml
　｜しょうゆ、塩…各少々
　｜ごま油…小さじ1
もみのり…少々

作り方

1 豆腐は1cm厚さのひと口大に切る。白菜キムチは1.5cm角に切る。

2 ボウルにAを入れてまぜ、豆腐、キムチを加えてさっくりまぜる。

3 器に盛り、もみのりを散らす。（大庭）

栄養満点。唐辛子は体を温める
効果もあるのでポカポカになります

スンドゥブチゲ

ピリッとパンチの効いた味。
焼きそばにもキムチはおすすめ

たこキムチ焼きそば

材料(2人分)

牛切り落とし肉…50g
玉ねぎ…¼個
あさり…1パック(約200g)
白菜キムチ…100g
おぼろ豆腐(または絹ごし豆腐)…1丁
卵…1個
A│長ねぎ(みじん切り)…大さじ1
　│にんにく(みじん切り)…小さじ2
　│コチュジャン、韓国産粉唐辛子…各大さじ1
　│みそ…大さじ½
　│ごま油…小さじ2
　│こしょう…少々
煮干しのだし(または水)…400㎖
万能ねぎ、サラダ油…各適量

作り方

1 あさりは殻をこすりあわせて洗い、必要なら砂出しし
ておく。牛肉はざく切り、玉ねぎは1㎝幅に切る。

2 鍋に油をひき、牛肉を炒め、Aを合わせて加える。

3 2に煮干しのだしを注ぎ、沸騰したら玉ねぎとあさり
を加える。火が通ったらキムチを加え、豆腐を大きめ
に手でくずしながら加える。

4 卵を落とし入れ、好みの加減に火が通ったら適当な
長さに切った万能ねぎを散らす。(谷島)

材料(2人分)

焼きそば麺…2袋
ゆでだこの足…1本(150g)
白菜キムチ…100g
にら…1束
にんじん…40g
ごま油…小さじ2
しょうゆ…小さじ2
酢…小さじ1
塩、こしょう…各少々
白いりごま…少々

作り方

1 麺は袋を少し切って電子レンジで2分加熱してほぐ
す。

2 たこは薄切り、キムチはざく切り、にらは3㎝長さに切
り、にんじんはせん切りにする。

3 フライパンにごま油を熱し、キムチ、にんじん、1を炒
め合わせる。たこ、にら、しょうゆ、酢、塩、こしょうを
加えて炒め合わせ、皿に盛り、ごまをふる。(岩﨑)

ダブル発酵食品を使って効果も倍増。
両面カリッと香ばしく焼いて

キムチ納豆のチヂミ

材料（2人分）

ひき割り納豆…2パック	卵…2個
万能ねぎ…1束	ごま油…大さじ2
白菜キムチ…240g	コチュジャン、酢、
A 小麦粉…2カップ 　 水…30㎖	しょうゆ…各適量

作り方

1 納豆はよくまぜる。万能ねぎは3㎝長さ、キム
チは1㎝幅に切る。

2 Aと1と卵をまぜ合わせ、ごま油をひいたフライ
パンで直径10㎝にのばす。生地がかたまって
きたら裏返し、フライ返しで表面を押さえ、両
面がカリッとするまで焼く。コチュジャン、酢じ
ょうゆをかけていただく。(トミタ)

キムチのうま味が、魚と厚揚げにしみ込んで。
ケチャップの甘さが隠し味

切り身魚のキムチ煮

材料（2人分）

好みの魚(切り身) (ここでは鯛を使用) 　…2切れ	A だしまたは水 　…1カップ
	酒…大さじ3
厚揚げ…1枚	トマトケチャップ
白菜キムチ…200g	…大さじ2

作り方

1 切り身魚は皮に1カ所切り目を入れる。

2 キムチはざく切りにする。厚揚げはひと口大に
切る。

3 フライパンにAとキムチを入れて煮立て、1、厚
揚げを加える。

4 ときどき煮汁を回しかけながら、10分ほど煮
る。器に盛り、あれば青ねぎをのせても。(石澤)
＊切り身魚は中骨がついているほうがうま味
が出る。

腸内環境アップ　むくみ解消　夏バテ予防

オイキムチ

きゅうりの中に、キムチのもとと薬味を詰めて漬け込みます。「キムチのもと」さえ作れば、季節ごとにいろいろな野菜でキムチを楽しむことができます。

■ オイキムチできれいになる理由

　きゅうりはカリウムを多く含む野菜です。カリウムには体内の余分な水分を排出する働きがあります。そのため、むくみ解消効果が期待できます。むくみというと腎臓の働きの低下を考えがちですが、便秘などの腸内環境悪化も原因になります。発酵が進むことでほかのキムチ同様乳酸菌が増えていきますので、同時に乳酸菌の働きで腸内環境を改善。夏バテにおすすめのキムチです。

[作るのに適した時期] 基本的に一年中いつでもOKです。ただし、きゅうりが旬の時期(6〜8月)がもっともおいしくできます。

[保存方法＆消費目安] キムチの保存は10℃以下がいいので、常温での保存には不向き。冷蔵庫での保存が適しています。オイキムチは、浅漬けでもおいしいので、漬けて3日ほどで食べきりましょう。

[おいしい食べ方、使い方] そのままごはんのおかず、酒のつまみ、焼き肉のおとも、サラダがわりに。

材料(作りやすい分量)

きゅうり…4本
あら塩…大さじ1½
大根…5cm
にんじん…⅕本
しょうが…1かけ
砂糖…小さじ1
にら…2本
韓国産糸唐辛子(キムチ用)…適量
B｜大根のすりおろし汁…50㎖
　｜りんごジュース…60㎖
　｜塩…2つまみ

●キムチのもと調味液
※きゅうり4本漬ける場合、キムチのもとは半量を使用
昆布…8cm角
煮干し…大きめ20尾
白玉粉…大さじ1
砂糖…大さじ2
韓国産粉唐辛子(キムチ用)…60g

A｜いかの塩辛…80g
　｜しょうが(すりおろし)
　｜　…1かけ分
　｜にんにく(すりおろし)
　｜　…1かけ分
　｜りんご(すりおろし)…⅓個分
　｜白いりごま…大さじ2

●キムチのもとは、白菜キムチ(P66〜69の作り方2〜10)を参照して作る。

75

作り方

1 大根、にんじん、しょうがはそれぞれせん切りにしてボウルに入れ、砂糖をまぶす。30分以上置き、しんなりしたら水けをしぼる。

2 1をキムチのもと（でき上がりの半量）にまぜる。4cm長さに切ったにらに、糸唐辛子を加えさらにまぜる。オイキムチの具のでき上がり。

3 きゅうりはバットに入れて塩をふり、手のひらでコロコロころがして板ずりする。そのまま30分〜1時間置く。

4 きゅうりがしんなりと曲がるくらいになったら、水洗いし、水けを拭く。両端を切り落とし、長さを半分に切る。片側を残して、縦に包丁で切り込みを入れる。

5 きゅうりに、オイキムチの具を詰める。

保存容器に入れ、Bを合わせたものをきゅうりにかける。約30分後から食べられる。冷蔵庫で保存し、3〜4日くらいで食べきって。

腸内環境アップ

消化力サポート

二日酔い防止

カクテキ

大根で作るキムチです。キムチのもとを使わず、粉唐辛子に、うま味用のたらこ、甘味つけのはちみつなどを加えて漬けます。手順もラクなので、初心者の方は、これから始めてみてはいかがでしょう。

■ カクテキできれいになる理由

大根は昔から胃腸にいい野菜として知られています。その理由は、でんぷんを分解するアミラーゼ、たんぱく質を分解するプロテアーゼ、脂質を分解するリパーゼなどの食物酵素を含んでいるからです。大根をキムチにすることで、発酵による乳酸菌の働きが加わり、消化力がアップ。酒のつまみとすることで二日酔い防止、焼き肉と一緒に食べれば胃もたれを防ぎます。もちろん、ほかのキムチ同様腸内環境も整えます。

［作るのに適した時期］一年中いつでもOKです。ただし、大根が旬の時期（11〜2月）がもっともおいしくできます。

［保存方法＆消費目安］キムチの保存は10℃以下がいいので、冷蔵庫での保存が適しています。カクテキの食べ頃は、漬けてから1週間後くらい。冷蔵で2週間ほど保存可能。

［おいしい食べ方、使い方］そのままごはんのおかずに、酒のつまみに、焼き肉のおともに。漬かり具合は好みですが、発酵が進んで、大根にしっかり味がしみたくらいがおいしです。

材料（作りやすい分量）

大根…1本（約1kg）　　　　　しょうが（すりおろし）…大さじ1
万能ねぎ…⅓束　　　　　　　にんにく（すりおろし）…1〜2かけ分
たらこ…1腹
あら塩…大さじ1½
はちみつ…大さじ1
韓国産粉唐辛子（キムチ用）…大さじ3

1 大根は洗って皮つきのまま2cm角に切る。ボウルに入れ、あら塩をふって手で全体になじむようにまぜる。

2 ざるに広げて、水分が少し出るまで30分〜1時間置く。

3 ボウルに大根を入れてはちみつをふり、全体をよくまぜる。

4 使い捨ての手袋をして、粉唐辛子を加えてまぜる。唐辛子の色素で手が染まるので、使い捨て手袋は準備したほうがいい。

5 すりおろしたしょうがとにんにくを加え、手でまぜる。

6 3cm長さに切った万能ねぎを加える。

7 たらこは薄皮を除いて加え、全体をよくまぜ合わせる。

8 密閉容器に、ぎゅっと詰めるように入れる。

9 冷蔵庫に入れて保存する。食べるのは半日以上置いてから。

1週間後

1週間漬け込んだ状態。唐辛子の色が少し退色して野菜になじみ、甘酸っぱい香りになり、大根に味がしみ込んだくらいが食べ頃。2週間を目安に食べきって。

キムチQ&A

Q 韓国産の粉唐辛子を使わないとだめですか?

A 韓国産の粉唐辛子は辛味の中に甘味が含まれ、キムチにとても向いています。またキムチ用の粉唐辛子は、あらびきと細びきをブレンドするなど、キムチに合う配合になっているのでおすすめです。韓国食材店やインターネットで購入可能ですが、どうしても手に入らないという場合、普通の唐辛子(一味唐辛子)だけでは辛すぎるので、パプリカパウダーやチリパウダーをまぜて使いましょう。

Q キムチのもとに欠かせない、アミの塩辛が手に入りません。

A この本では、いかの塩辛、たらこで作る方法をご紹介しています。どちらにもうま味成分のアミノ酸が含まれるので、味に深みが出ます。

Q キムチの食べ頃は?

A キムチの漬かり具合は好みによります。浅漬けが好きなら、漬けた当日食べてもいいです。漬けて2〜3日から食べることができ、1週間後くらいが食べ頃といわれます。2週間すぎると酸っぱくなってきます。そのまま食べるには酸っぱくなりすぎたら、炒めものにする、チゲ鍋にするなど、加熱するとおいしくいただけます。

Q キムチにはどんな野菜が合いますか?

A ほとんどの野菜を漬けることができます。ご紹介したほかに、野菜ならにら、小松菜、なす、うり、オクラ、たけのこなど、気になるものを漬けてみましょう。また、ゆでだこ、するめいかなど魚介類を漬けたキムチもあります。

腸内環境アップ 免疫力向上 美肌 減塩

水キムチ

韓国で夏場によく食べられる辛くないキムチです。水キムチの汁には乳酸菌がたっぷり。本場韓国では、汁を飲んで胃腸を活性化してから食事を始めるという習慣もあります。材料も少なく、作り方も簡単です。

■ 水キムチできれいになる理由

水キムチの最大の特徴は、その汁も食すること。乳酸菌は水分を媒介して増えていくため、野菜よりも実はその汁に乳酸菌が多く含まれています。このため、水キムチの汁に含まれる乳酸菌量は、普通の白菜キムチの約2倍、ぬか漬けの10倍以上と群を抜いており、腸内環境を改善し、免疫力向上、美肌効果などは大いに期待できます。また塩分ひかえめなので、減塩を気にしている方もサラダ感覚でたくさん食べてください。

[作るのに適した時期] 基本的に一年中いつ作ってもOKですが、室温で発酵させるので、乳酸菌が活動しやすい気温20〜25℃が作りやすいといえます。夏場は発酵が活発なので、3時間ほど室温に置いたら、あとは冷蔵庫に移して。

[保存方法＆消費目安] 発酵後は必ず冷蔵庫で保存。冷蔵庫の中でも発酵はゆっくりと進みます。冷蔵庫で10日ほど保存可能ですが、1週間までがおいしく食べられる目安です。それ以上たったものは、加熱調理をして食べて。

[おいしい食べ方、使い方] そのまま酒のつまみや、サラダがわりに。汁は冷麺やそうめんのつゆに。

材料（作りやすい分量）

水…400㎖
上新粉…小さじ1
好みの野菜…合計で約300g
（ここでは、大根…⅛本、にんじん…
½本、白菜…3枚、きゅうり…1本）

りんご…½個
にんにく（薄切り）…½かけ分
しょうが（薄切り）…5枚
塩…小さじ½
酢…大さじ3

作り方

1 鍋に水、上新粉を入れてまぜ、火にかける。

2 ひと煮立ちさせて上新粉をとかす。火を止め、冷ます。

3 好みの野菜は食べやすく切る。塩をふってよくもみ込む。

4 5分ほど置いてから水けをしぼり、ジッパーつき保存袋に入れる。

5 りんごは皮ごと薄いいちょう切りにする。にんにく、しょうがの薄切りとともに保存袋に入れる。

6 2の汁を、袋に注ぐ。

7 酢を加え、袋の上から軽くもんで口を閉じる。

8 夏場は2時間から半日、春・秋なら常温で1〜2日、冬は常温で2〜3日を目安に発酵させる。発酵独特の酸っぱい匂いがし、汁も酸味が増し、野菜の色が退色したら冷蔵庫へ移す。

1週間後

1週間後。乳酸発酵が進むと、野菜の色が退色し、酸味が増す。

水キムチQ&A

Q 水キムチと普通の赤いキムチはどう違うの？

A 16世紀に唐辛子が朝鮮半島に伝わり、18世紀頃から赤いキムチ作りに使われ始めたといわれています。それ以前は、唐辛子を使わない水キムチなどの白いキムチが一般的で、とくに韓国の宮廷料理は水キムチが主流なのだとか。

Q 水キムチは野菜と水でどうして発酵するの？

A 野菜についている乳酸菌や酵母菌が、野菜の糖分などをエサに水を媒介して発酵します。ですから、材料には発酵を促すよう、りんごなどの糖分が豊富なフルーツを加えるのが定番です。

Q 水キムチの食べ頃がよくわかりません。

A 水キムチは気温や湿度などに発酵状態が大きく左右さ

れ、味、香り、色ともに1日1日変化していきます。漬けたては野菜の色は鮮やかで、発酵はしていませんが、酢を加えてあるのでこのままでもおいしいです。発酵すると酸っぱい香りで汁も酸味が増し、野菜の色が退色してきます。この状態が食べ頃です。夏場は状態の変化が早いので管理には注意してください。逆に冬は室温が低いとなかなか発酵しないこともあります。

Q 水キムチにはどんな野菜が合いますか？

A どんな野菜も合います。たとえば、セロリ、ミニトマト、キャベツ、白菜、なすなどもおすすめです。また、すいかやなしなどのフルーツを漬けても、甘味と塩け、酸味のバランスがよく、おいしいです。汁にしょうゆや塩麹、みそなどで味をつけてもいいので、バリエーションがいろいろ楽しめます。

水キムチの汁をつゆに使う
韓国風の食べ方で

水キムチとゆで鶏の冷たい細うどん

材料（2人分）

水キムチ…½カップ
水キムチの汁…100㎖
鶏むね肉…1枚
A｜塩…小さじ1
　｜三温糖…小さじ½
　｜酒…大さじ1
長ねぎ（青い部分）…適量
しょうが（薄切り）…3枚
酒…大さじ1
稲庭うどん…2束
B｜しょうゆ…大さじ3
　｜酢…大さじ2
　｜レモン果汁…小さじ1
　｜しょうがのしぼり汁…小さじ½
　｜塩、こしょう…各少々
　｜ごま油…大さじ1
ゆで卵、香菜、白ごま…各適量

作り方

1 鶏肉にAをもみ込み、ポリ袋に入れて空気を抜いて冷蔵庫に1時間置く。
2 鍋に水500㎖（分量外）、長ねぎ、しょうが、酒を入れて火にかける。沸騰したら1の鶏肉を入れ、弱火でアクをとりながら15分ゆでる。そのまま置いてあら熱をとり、スライスする。ゆでた汁はとっておく。
3 うどんをゆで、水で洗ってめんをしめる。
4 水キムチの汁、2のゆで鶏の汁400㎖、Bを合わせて器に分け入れる。うどんを盛り、2の鶏肉、水キムチ、ゆで卵、香菜をのせ、白ごまをふる。（平岡）

材料（2人分）

豚しゃぶしゃぶ用極薄切り肉
　　…250g
水キムチ…1カップ
A｜ごまドレッシング（市販品）
　｜　…大さじ4
　｜しょうゆ…小さじ2
　｜ラー油…適量
　｜白すりごま…大さじ2

作り方

1 鍋に湯を沸かし、豚肉を入れてさっと火を通して引きあげる。
2 水キムチの汁をよくきってボウルに入れ、1、Aを加えてあえる。

（平岡）

酸味がやわらかい水キムチは
あえものによく合います

水キムチと豚しゃぶのごまだれあえ

ザワークラウト

キャベツと塩があれば作れるドイツの伝統的発酵食品です。キャベツに自然に付着している乳酸菌が、塩もみして出るキャベツの水分と食物繊維をエサに増え、発酵して酸っぱくなります。

■ ザワークラウトできれいになる理由

　ザワークラウトには多くの植物性乳酸菌が含まれていますので、ぬか漬けやキムチ同様、腸内環境を改善することで、便秘解消、免疫力が向上して風邪予防や花粉症予防が期待できます。さらにキャベツは食べる胃薬と呼ばれる野菜です。キャベツに含まれるビタミンUは胃痛、胸やけ、胃潰瘍予防などの効能があり、別名キャベジンと呼ばれています。発酵させることで食物酵素の作用が加わるので、胃腸ケアにおすすめ。

[作るのに適した時期] キャベツは一年中安定して出回っているので、いつ作ってもOKですが、常温で発酵させるので、乳酸菌が活動しやすい気温20〜25℃が作りやすいでしょう。夏場は気温が高いので発酵が早く進み、逆に冬場は発酵に時間がかかります。

[保存方法＆消費目安] 発酵後は冷蔵庫で保存。冷蔵庫の中でも発酵はゆっくりと進みます。2週間以内で食べきりましょう。

[おいしい食べ方、使い方] このままサラダに。ピクルスのようにパンにはさんでサンドイッチに、肉料理のつけ合わせに、ソーセージやベーコンとの煮込みもgood。

材料（作りやすい分量）
キャベツ…約1kg
あら塩
　…約40g（キャベツの重量に対し約4％）
キャラウェイシード…小さじ1
ローリエ…2枚

作り方

1 キャベツは5〜6mm幅に切ってさっと水につける。ざるに入れて水けをしっかりきってボウルに移す。

2 全体に塩をふる。

3 手でざっくりと全体をまぜて塩をなじませ、常温で1時間置く。

4 キャベツがしんなりしてきたらラップをかけ、重し（約3kg）をのせる。2〜3日この状態で、常温に置いて発酵させる。

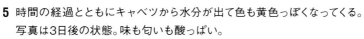

約3日後

5 時間の経過とともにキャベツから水分が出て色も黄色っぽくなってくる。写真は3日後の状態。味も匂いも酸っぱい。

6 重しをはずし、キャラウェイシード、ローリエ
を加え、水分ごと底から上下を返すようにか
きまぜる。

7 保存びんに汁ごと詰める。冷蔵庫で保存し
て、2週間を目安に食べきって。

ザワークラウトを
バターでソテーしてパンにのせて

ザワークラウトとベーコンの
オープントースト

材料（2人分）
食パン（6枚切り）…2枚
ザワークラウト…1カップ
バター…10g
ベーコン（スライス）…4枚
マヨネーズ…大さじ4
粒マスタード…大さじ1

作り方

1 フライパンにバターをとかし、ザワー
クラウトをさっとソテーする。

2 ベーコンは適当な大きさに切り、油を
ひかずにフライパンでカリッと焼く。

3 食パンをトーストし、1、2をのせる。
マヨネーズとマスタードをまぜたもの
をかける。（平岡）

鍋で具材をコトコト煮るだけ。ザワークラウトからいいだしが出る

ザワークラウトのポトフ風

材料（2人分）

豚肩ロースかたまり肉…300g
ソーセージ（いろんな種類があっていい）…4本
にんじん…1本
じゃがいも…大2個
玉ねぎ…1個
にんにく…2かけ
ザワークラウト…2カップ
ローリエ…2枚
塩…小さじ1〜2
黒こしょう…3粒

作り方

1 豚肉は食べやすい大きさに切る。

2 にんじんは皮をむいて縦半分に切る。じゃがいもも皮をむいて半分に切り、水にさらす。玉ねぎは8等分のくし形に切る。にんにくはつぶす。

3 鍋にすべての材料を入れ、水をひたひたまで注ぐ。火にかけ、沸騰したらアクをとり、弱火でコトコトと1時間煮込む。仕上げに塩（分量外）で味をととのえる。

（平岡）

87

白菜漬け

白菜を塩だけで漬けたシンプルな漬物です。何日か常温に置くことで、乳酸菌が増えるので、これも
発酵食品です。白菜の甘味、やさしい酸味でクセがなく食べやすいのが特徴。

■ 白菜漬けできれいになる理由

　発酵食品なので、乳酸菌パワーで腸内細菌を活性
化して、善玉菌優位の腸内環境へと導くのに役立ち
ます。また、白菜は薬膳料理では、胃腸の消化を助
け、お腹にたまったものを下に押し出す働きがあると
され、効能が高い食材としてよく使われます。便秘や
むくみの解消、二日酔い防止などデトックス効果が
期待できます。

[作るのに適した時期] 一年中いつ作ってもOKですが、
白菜が旬になる冬（11〜2月）に作るのがおいしくできま
す。気温や湿度によって発酵や漬かり具合が変わります。
夏場は発酵が早いので、管理に注意を。様子を見ながら
早めに冷蔵庫へ入れて。

[保存方法＆消費目安] 冷蔵保存で、2週間を目安に食べ
きって。

[おいしい食べ方、使い方] 調味料と合わせてあえもの、
酢の物に。鍋料理や煮物の具材にもおすすめ。

材料(作りやすい分量)
白菜…¼株
あら塩…白菜の重量の3%
赤唐辛子(好みで)…1本

作り方

1 白菜は、切り口を上にしてざるにのせ、2〜3時間天日干しする。

2 塩をふる。葉の間にも、ところどころ塩をふる。こうすると、塩が均一にまわる。

3 ジッパーつきの保存袋に、白菜、赤唐辛子を入れて袋をとじる。バットにのせ、重しをし、水分が出るまで常温に置く。水分が出たら、冬場は冷暗所、そのほかの季節は冷蔵庫に移し、1週間ほど漬け込む。

10日後

写真は10日たった状態。白菜が水分につかって塩けが回り、食べるとほんのり酸味がある。

89

酢飯に白菜漬けがよく合う。
味のポイントにごま油をふって

白菜漬けのひと口ずし

材料（2人分）
白菜漬け…適量
●すし飯
米…1½合
酒…大さじ1
昆布…5㎝角
A 米酢…大さじ2½
　砂糖…大さじ1½
　塩…小さじ1
ごま油、白いりごま…各少々

作り方
1 米を洗い、酒と水（少なめの水加減
　で）、昆布を入れて普通に炊く。
2 Aをまぜ合わせ（砂糖と塩をしっかりと
　かす）、甘酢を作る。白菜漬けを刻む。
3 1のごはんをほぐしてボウルに移し、甘
　酢をかけてまぜ合わせ、あら熱をとる。
4 3のすし飯をひと口大の大きさに握り
　（ラップを使って握ると便利）、白菜漬
　けをのせ、ごま油をたらし、白ごまをふ
　る。(平岡)

生ハムと柑橘フルーツを合わせると、ガラリと洋風に

白菜漬けとグレープフルーツのあえもの

材料（2人分）
白菜漬け…¼株で漬けたものの⅓量
生ハム…4枚
ピンクグレープフルーツ…1個
ディル（なければパセリ）…2枝
EXオリーブ油…大さじ2
塩、こしょう…各少々

作り方
1 白菜漬け、生ハムは食べやすい大きさ
　に切る。グレープフルーツは小房に分
　け、薄皮をむいて小さく分ける。ディル
　は葉を摘む。
2 ボウルに1を入れ、オリーブ油、塩、こ
　しょうであえる。(平岡)

Part 3

料理をおいしくする
手作り調味料

塩麹、ゆずこしょう、塩レモン、発酵バター…。
人気の調味料はもちろん、これも家庭で作れるの!?
というものもご紹介しています。
手作り調味料は実は作り方は意外に簡単。
料理のレパートリーがぐんと増えること間違いなし。

塩麹

米麹に塩と水を加えて発酵させたもので、江戸時代の文献にも登場する日本の伝統的な調味料のひとつです。麹の麹菌によって糖化された米のでんぷんと、塩がまざり合ったやさしい塩けが特徴。

■ 塩麹できれいになる理由

塩麹の麹菌が腸内環境を整え、便秘予防に役立ちます。また麹菌は、自身の代謝の過程で、肌や粘膜、髪などのターンオーバーを促すビタミンB₂、B₆、B₇などビタミンB群を生成し、美肌作りを応援。さらに麹は食物酵素の宝庫です。食物酵素には食物の栄養を分解し、消化吸収を助ける働きがあります。たとえば麹に含まれるアミラーゼはでんぷんを分解、プロテアーゼはたんぱく質を分解し、胃腸の働きをサポートしてくれます。

[作るのに適した時期] 一年中OK。ただし、夏場や梅雨時期は、発酵させる際に雑菌が入らないよう、管理に注意を。

[保存方法＆消費目安] 冷蔵保存で、半年を目安に食べきりましょう。冷蔵庫内でもゆっくり発酵と熟成が進みます。

[おいしい食べ方、使い方] 塩のかわりに調味料として。食物酵素の働きで食材をやわらかくする力があります。とくに肉は、塩麹に漬けるとたんぱく質が分解されて肉質が驚くほどやわらかくなります。また麹菌の働きで日持ちがよくなる効果も。

材料（作りやすい分量）
麹（乾燥タイプ）…200g
熱湯…300㎖
塩…60g

作り方

1 麹は袋の中でもみほぐし、ポロポロ状にする。こうすると麹が飛び散らずに簡単に細かくなる。

2 熱湯に塩を入れてとかし、60℃(指を数秒入れられるくらいの温度)まで冷ます。

3 保存容器に麹を入れ、60℃の塩湯をかける。

4 スプーンでよくかきまぜ、そのまま室温で冷ます。冷めたらふたをして常温で発酵させる(真夏など気温の高い場合は冷蔵庫に入れてもいい)。1日1回、空気を含ませるようにかきまぜる。1週間続ける。

5 全体になじんで、指で麹の粒がつぶせて、とろみが出れば完成。上手に発酵させるとほんのり甘い香りになる。でき上がったら冷蔵庫で保存。長期間置いて熟成が進むとアメ色になる場合もある。

93

しょうゆ麹

米麹に、しょうゆを加えて発酵させたもの。うま味成分を含むしょうゆと、麹を合わせることでより深い味わいになり、料理の最後に添えるなど、仕上げに使える新しい調味料です。

■ しょうゆ麹できれいになる理由

　グルタミン酸などのうま味成分が豊富なしょうゆを使うことで、塩麹よりもうま味が強いのが特徴。そのため、少量でも満足でき、減塩効果が高く、生活習慣病予防などにも効果が期待できます。また塩麹同様、胃腸での消化吸収を助ける食物酵素を多く含みますが、しょうゆ麹の場合は、料理の仕上げに添えるなど、加熱せずに食べることも多いので、酵素を生のままとり入れることができるのも大きな利点のひとつです。

[作るのに適した時期] 一年中OK。ただし、夏場や梅雨時期は、発酵させる際に雑菌が入らないよう、管理に注意を。

[保存方法＆消費目安] 冷蔵保存で、半年を目安に食べきりましょう。冷蔵庫内でもゆっくり発酵と熟成が進みます。

[おいしい食べ方、使い方] 刺し身のかけしょうゆのかわりに、焼いた肉や魚、野菜スティックにソースやみそがわりに添えたり、うどんやそばなどの薬味がわりになど、仕上げ調味料として食卓で使えます。そのほか、だし巻き卵に少し加えるとコクが出たり、肉や魚を漬けるとやわらかくなります。ただし、しょうゆの色で料理の色が茶色くなるので、入れる量は加減して。

材料（作りやすい分量）
麹（乾燥タイプ）…200g
濃口しょうゆ…300㎖

作り方

1 麹は袋の中でもみほぐし、ポロポロ状にする。こうすると麹が飛び散らずに簡単に細かくなる。

2 保存容器に入れ、しょうゆを注いでまぜる。

3 ふたをして常温に置く。1日1回、空気を含ませるようにかきまぜる。1週間続ける。

4 全体になじんで、指で麹の粒がつぶせて、とろみが出れば完成。でき上がったら冷蔵庫で保存。

もろきゅうしょうゆ麹

スティック状に切ったきゅうりに、しょうゆ麹をかけて。しょうゆ麹のうま味ときゅうりのシャキシャキ感で、酒の肴にぴったり。シンプルに食べるほど、しょうゆ麹の味わいを堪能。(平岡)

いつもの甘辛味とは目先を変えて、
塩麹でさっぱりと

塩麹肉じゃが

材料（2人分）
豚こま切れ肉…150g
じゃがいも…大2個（350〜400g）
玉ねぎ…¼個
にんじん…⅓本
塩麹…大さじ2
A｜塩麹、みりん…各大さじ1
　｜しょうゆ…小さじ1

作り方

1 豚肉は食べやすく切り、ボウルに入れて塩麹をもみ込む。

2 じゃがいもは4つに切り、玉ねぎは1cm厚さのくし形に、にんじんは小さめの乱切りにする。

3 鍋に水400mℓとAを入れて煮立て、2を加え、1をかぶせるようにのせ、落としぶたをする。途中、アクをとり、弱めの中火でやわらかくなるまで8〜10分煮る。（重信）

塩麹の効果で大豆のうま味が
よりしっかり感じられる

いんげんの塩麹白あえ

材料（2人分）
さやいんげん…100g
もめん豆腐…½丁（150g）
A｜白ねりごま…大さじ1
　｜塩麹、砂糖…各大さじ½

作り方

1 いんげんは長さを半分に切ってゆで、ざるにとって冷ます。

2 豆腐は水けを拭いてすり鉢に入れてつぶし、Aを加えてすりまぜる。

3 いんげんを2であえる。（検見﨑）

鶏肉に塩麹をもみ込むと、肉がぐんとやわらかく

鶏肉とピーマン、パプリカの塩麹炒め

材料（2人分）
鶏むね肉（皮なし）…1枚
ピーマン…5個（100g）
赤パプリカ…½個（75g）
塩麹…小さじ1
オリーブ油…大さじ½
A｜塩麹…大さじ½
　｜こしょう…少々

作り方
1 ピーマン、パプリカは縦に7〜8mm幅に切る。
2 鶏肉は5mm厚さでひと口大のそぎ切りにし、塩麹をもみ込む。
3 フライパンにオリーブ油を熱して鶏肉を炒め、色が変わったら1を加えてさらに炒める。野菜の色が鮮やかになったらAを加えて炒め合わせる。（検見﨑）

しょうゆ麹は焦げやすいので
最後に加えるのがコツ

鶏肉のしょうゆ麹焼き

材料（1〜2人分）
鶏むね肉…½枚
塩、こしょう…各少々
かたくり粉…少々
しょうゆ麹…大さじ2
油…大さじ1
ミニトマト…適量

作り方
1 鶏肉を薄いそぎ切りにして塩、こしょうし、かたくり粉をふる。
2 フライパンに油をひき、鶏肉を両面焼く。火が通ったら、しょうゆ麹を加えてさっと焼いて香りを出す。
3 器に盛り、半分に切ったミニトマトを添える。（横山）

ダイエット	体力回復
腸内環境アップ	美肌

玄米甘麹

甘麹とは、炊いた米に米麹をまぜて発酵させたもので、いわば甘酒のもとです。江戸時代には体力の落ちる夏場に甘酒を飲む習慣があったといわれ、栄養豊富な食品として愛されていました。ここでは玄米を使って作る方法をご紹介します。

■ 玄米甘麹できれいになる理由

　米が麹菌によって発酵、糖化されて生まれる、自然な甘味を砂糖のかわりに利用すれば、ノンシュガーの料理作りが可能。ダイエットにも役立ちます。甘麹から作られる甘酒は「飲む点滴」と呼ばれ、エネルギー源となる糖質、消化吸収を助ける食物酵素、新陳代謝を活性化するビタミンB群が豊富です。疲れたとき、病中病後などの体力の回復に最適。もちろん美肌効果もあり。玄米で作れば食物繊維量もアップするので、便秘解消にも役立ちます。

[作るのに適した時期] 一年中OK。ただし、夏場や梅雨時期は、発酵や保存の際に雑菌が入らないよう、管理に注意を。

[保存方法＆消費目安] 冷蔵庫内でもどんどん発酵が進みます。冷蔵で約3日保存可能。長期保存する場合は、ジッパーつきポリ袋に入れ、薄い板状にして冷凍し、必要な分だけ折って使って。冷凍なら1〜2カ月保存可能。

[おいしい食べ方、使い方] 水やお湯で割って甘酒に。砂糖のかわりに、味つけや下味に。独特のとろみを生かし、スープのベースやコク出しにも使えます。

材料（作りやすい分量）
発芽玄米…½合（75g）
米麹（乾燥タイプ）…70g
水…500mℓ
塩…少々

※発芽玄米は、玄米を発酵させたもの。白米と同じように炊くことができ、玄米よりも消化がいいのが特徴。大手スーパーなどで購入可。

作り方

1 発芽玄米はざっと洗って水け
をきり、炊飯器の内がまに入
れ、水400mℓ、塩を入れる。

2 炊飯器のおかゆモードで炊く。
写真はおかゆの炊き上がり。

3 米麹は乾燥のまま手でほぐし
て細かくする。

4 内がまを炊飯器からとり出し、
水100mℓを加えて冷まし、温
度を60〜65℃にする。温度
計を使い、正確に計ること。
※温度計はスーパーやホームセンタ
ーなどのキッチン用品売り場で購入
可能。

5 米麹を加えて、ゴムべらなどで
よくまぜてなじませる。

6 スープジャー（500〜600mℓ
用）に5を入れ、ふたをしめて
常温で約8時間置く。（金丸）

■ **鍋**で炊いて、発酵させる場合

炊飯器を使わず、鍋を利用。分量が98ページとは違うので注意を。発酵させるときは、温
度が下がらないよう、保温バッグや発泡スチロールのケースなどを利用して。

材料（作りやすい分量）
発芽玄米…½合(75g)
米麹（乾燥タイプ）…80g
水…500㎖
塩…ひとつまみ

1 鍋で発芽玄米のおかゆを炊く

発芽玄米は洗って水けをきり、厚手の
鍋に入れ、水を注ぎ、塩を加えてひと
まぜし、ふたをして弱火にかける。沸
騰したら約12分加熱する（吹きこぼれ
そうになったらふたをあけて調整）。

火を止めて10分蒸らす。おかゆの炊き
上がり。

2 麹をまぜる

そのままおいて60℃まで冷ます（温
度計を利用して正確に温度を計るこ
と）。ほぐした米麹を加えてよくまぜ、
ふたをする。

3 発酵させる

2〜3枚重ねた新聞紙とバスタオルで
鍋を包み、保温バッグなどに入れてあ
たたかい部屋や、冬場は電気カーペッ
トの上などに置き、8時間発酵させる。

■ 炊飯器でそのまま発酵させる場合

炊飯器の内がまを炊飯器に戻し、ふたをあけたままぬれ布巾をかけ、炊飯器は保温の状態にして、約8時間発酵させる。途中4時間ほどたったタイミングで一度全体をまぜる。

＊炊飯器の性能によって、ふたを開けたまま保温の状態にすると、故障の原因になる場合があります。必ず炊飯器の取扱説明書で確認してください。

COLUMN

玄米甘麹は好みの濃さに調節できます

玄米甘麹は、水を加えるだけでおいしい飲み物になります。玄米甘麹の素1：水2が基本の割合。割合によって甘さや口あたりが違いますので、好みで調節してもかまいません。

〈基本〉
玄米甘麹の素1：水2

玄米甘麹の便利な保存方法

玄米甘麹を保存する場合は、「玄米甘麹の素」の状態で冷凍するのがおすすめ。ジッパーつきポリ袋に入れ、空気を抜きながら平らにして口を閉じ、冷凍。冷凍で1カ月保存可能。使うときは必要な分だけ折ってとり出し、水と一緒にミキサーでかくはんを。

やわらかジューシーの秘密は玄米甘麹！

から揚げ

材料（2人分）

鶏胸肉（皮なし）…200g

A｜しょうが（すりおろし）…小さじ1
　｜玄米甘麹…大さじ2
　｜塩…小さじ⅓

かたくり粉…大さじ2

薄力粉…大さじ1

揚げ油…適量

レモン…¼個

クレソン…適量

作り方

1 鶏肉はひと口大に切り、Aをもみ込んで1時間以上おく。

2 かたくり粉と薄力粉をまぜ、1にまぶして2〜3分おいてなじませる。

3 170℃に熱した油で、2をこんがりと色づくまで揚げる。油をきって器に盛り、レモンとクレソンを添える。

（金丸）

ホームパーティーにも使えるごちそうメニュー

ごまみそポトフ

材料（2人分）

鶏手羽中…6本

塩、こしょう…各少々

キャベツ…大¼個（250g）

にんじん…½本（80g）

グリーンアスパラガス…2本（30g）

オリーブ油…小さじ1

しょうが（薄切り）…2枚分

玄米甘麹…1カップ

A｜コンソメスープの素（顆粒）…小さじ1
　｜ローリエ…1枚
　｜こしょう…少々

みそ…大さじ1

白ごま…大さじ2

作り方

1 手羽の骨と骨の間に縦に切り目を入れて開き、塩、こしょうをもみ込む。

2 キャベツはくし形に切り、にんじんは縦4等分に切る。アスパラガスは下半分の皮をピーラーでむいて長さを半分に切る。

3 鍋にオリーブ油を熱し、手羽の表面を焼く。キャベツ、にんじん、しょうが、水1½カップと玄米甘麹を加えて強火にかける。煮立ったらAを加えて火を弱め、ふたをして約15分煮込む。みそをとき入れ、白ごま、アスパラガスを加え、1〜2分煮て火を止める。（金丸）

体の芯からほっこり温まる具だくさんスープ

根菜豚汁

材料（2人分）

豚こま切れ肉…100g
大根…40g
にんじん…大⅕本（40g）
ごぼう…30g
生しいたけ…2枚
しょうが（せん切り）…½かけ分
ごま油…小さじ1
だし…1カップ
玄米甘麹…1カップ
みそ…小さじ4

作り方

1 大根、にんじんは5mm厚さのいちょう切り、ごぼうはささがき、しいたけは6等分に切る。

2 鍋にごま油としょうがを入れ、中火にかける。豚肉をほぐしながら炒め、肉の色が変わったら大根、にんじん、ごぼうを加え、全体に油が回ったら、だしとしいたけを加える。煮立ったらアクを除き、弱火で約10分、ふたをして煮る。

3 玄米甘麹を加えて煮立て、みそをとき入れて火を止める。（金丸）

玄米甘麹ならダイエット中でもカルボナーラOK

キャベツとハムのカルボナーラ

材料（2人分）

スパゲッティ…120g
キャベツ…2枚（120g）
玉ねぎ…小⅓個（60g）
にんにく（みじん切り）…1かけ分
ハム…3枚（45g）
A ┃ 玄米甘麹…½カップ
　 ┃ パルメザンチーズ…大さじ4
　 ┃ コンソメスープの素（顆粒）…小さじ1
とき卵…2個分
オリーブ油…大さじ½
塩…少々

作り方

1 キャベツは1cm幅の細切り、玉ねぎは薄切り、ハムは1cm幅に切る。Aはまぜ合わせておく。

2 スパゲッティは塩（湯に対し1％・分量外）を加えた熱湯で、表示の時間通りにゆでる。ゆで上がり1分前にキャベツを加えてともにざるにあげる。

3 フライパンにオリーブ油を中火で熱し、玉ねぎ、にんにくを炒める。玉ねぎがしんなりしたらA、ハムを加え、煮立ってきたら2を加えまぜる。

4 火を止め、とき卵を回し入れて手早くからめる。塩で味をととのえ、とろみがついたら器に盛る。（金丸）

甘麹のやさしい甘味が、
小松菜の青くささを消す

グリーンスムージー

材料（2人分）

小松菜…1株

グリーンアスパラガス…1本

キウイ…½個

バナナ…½本

玄米甘麹…½カップ

作り方

1 小松菜はざく切り、アスパラガスは下半分の皮をピーラーでむいてざく切り、キウイ、バナナもひと口大に切る。

2 ミキサーに1、玄米甘麹を入れ、なめらかになるまでかくはんする。（金丸）

甘麹が鮭と野菜の味を引き出し、
おいしいスープに

鮭のチャウダー

材料（2人分）

生鮭（切り身）
　…大1切れ（140g）

玉ねぎ…¼個

じゃがいも…小1個

にんじん…⅓本

しめじ…⅓パック

玄米甘麹…1カップ

オリーブ油…小さじ1

コンソメスープの素（顆粒）
　…小さじ1

塩、こしょう…各少々

パセリ（みじん切り）
　…適量

作り方

1 鮭は斜め4〜6等分にそぎ切りする。玉ねぎは薄切り、じゃがいもは6等分にする。にんじんは薄い半月切り、しめじは小房にほぐす。

2 鍋にオリーブ油を熱し、鮭を入れてさっと両面を焼いてとり出す。玉ねぎ、じゃがいも、にんじん、しめじを入れて炒め、水1カップ、コンソメスープの素を入れてふたをし、約15分煮る。

3 鮭を戻し入れ、玄米甘麹を加えて3〜4分煮て、塩、こしょうで味をととのえる。器に盛り、パセリを散らす。（金丸）

牛乳を使わず甘麹で作るホワイトソース
チキングラタン

材料（2人分）
鶏もも肉…½枚（120g）
塩、こしょう…各少々
玉ねぎ…小⅓個
しめじ…小1パック
カリフラワー…½個
薄力粉…大さじ2強

オリーブ油…大さじ½
A｜玄米甘麹…1カップ
　｜水…50㎖
　｜コンソメスープの素
　｜（顆粒）…小さじ1
ピザ用チーズ…20g

作り方
1 鶏肉は小さめのひと口大に切り、塩、こしょうをふる。玉ねぎは薄切り、しめじは小房に分ける。カリフラワーは小房に分けてゆでる。

2 フライパンにオリーブ油を中火で熱し、玉ねぎを炒める。しんなりしたらフライパンの端に寄せ、あいたところに鶏肉を並べ、両面を焼く。

3 薄力粉を全体にふり入れ、粉っぽさがなくなるまで弱火で炒める。Aを加え、絶えずかきまぜながら煮る。とろみがついたらしめじ、カリフラワーを加え、2～3分弱火で煮る。

4 3をグラタン皿に入れ、チーズをのせてオーブントースターで約10分焼く。（金丸）

甘麹はどんな野菜とも相性がよく、
スープのベースに最適
にんじんのシナモンポタージュ

材料（2人分）
にんじん…1本
玉ねぎ…¼個
コンソメスープの素（顆粒）…小さじ½
玄米甘麹…1カップ
バター…5g
塩、こしょう…各少々
シナモンパウダー…少々

作り方
1 にんじんは薄い半月切りに、玉ねぎは薄切りにする。

2 鍋にバターを入れ、1を炒める。しんなりしたら水¾カップ（分量外）、コンソメスープの素を入れてふたをし、約10分煮る。

3 2をミキサーにかけ、なめらかになるまでかくはんする。鍋に戻し入れ、玄米甘麹を加えて温め、塩、こしょうをふる。器に盛り、シナモンパウダーをふる。（金丸）

パンチのきいた味は
肉にも野菜にも合わせやすい

バンバンジーソース

材料(作りやすい分量)
白すりごま…大さじ5
テンメンジャン…大さじ2
しょうゆ…小さじ1
玄米甘麹…大さじ2
酢…大さじ1
ラー油…少々

作り方
すべての材料をまぜ合わせる。

栄養 Beauty Memo

バンバンジーの味のベースはごま。ごまには特有の成分ゴマリグナンが含まれていて、疲労回復効果が。

バンバンジーソースで
おすすめの1品

きゅうりやパプリカなど、せん切りにした生野菜に、たっぷりかけてどうぞ。

ノンオイルドレッシングとして
幅広く使えるシンプル味

ゆずこしょうドレッシング

材料(作りやすい分量)
ゆずこしょう…小さじ1
しょうゆ…小さじ2
酢…小さじ1
玄米甘麹…¼カップ

作り方
すべての材料をまぜ合わせる。

栄養 Beauty Memo

肉はダイエットの強い味方。たんぱく質をしっかりとらないと、筋肉が落ちてやせてもしわしわに。脂肪の少ない赤身の肉を選んで食べましょう。

ゆずこしょうドレッシングでおすすめの1品

肉によく合うドレッシングです。豚しゃぶ＆ゆでもやしにかけてさっぱりと召し上がれ。

┃玄米甘麹でたれ、ドレッシング

卵なし、オイルひかえめで
低カロリーに仕上げる

玄米甘麹マヨネーズ

材料(作りやすい分量)
木綿豆腐…80g
玄米甘麹…¼カップ
オリーブ油…大さじ3
A│レモン汁…大さじ1
　│マスタード…適量
　│塩…小さじ⅓

作り方
1 豆腐はペーパータオルに包み、電子レンジで2分加熱して冷ます。
2 1、玄米甘麹、オリーブ油をボウルに入れ、泡立て器またはブレンダーで均一になるまでまぜる。
3 Aを加え、よくまぜ合わせる。

玄米甘麹マヨネーズで
おすすめの1品

セロリ、きゅうり、にんじんなどのスティック野菜につけて楽しんで。

栄養 Beauty Memo

マヨネーズのとろみは豆腐でつけます。卵が入らないので、アレルギーを気にする人にも安心。

ウスターソース、玄米甘麹で
奥行きのある味わいに

カレーごまだれ

材料(作りやすい分量)
玄米甘麹…大さじ3
白すりごま…大さじ2
カレー粉…小さじ1
にんにく(すりおろし)…小さじ½
ウスターソース…大さじ1
塩…小さじ¼

作り方
すべての材料をまぜ合わせる。

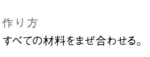

カレーごまだれで
おすすめの1品

ゆで野菜との相性が抜群です。じゃがいもは皮つきのままゆでるか、ラップに包んで電子レンジで加熱を。中くらいのものなら3〜4分でOK。

栄養 Beauty Memo

生野菜ばかりでは体を冷やす原因にもなります。温野菜もとり入れましょう。火を使うのが面倒なら、電子レンジを上手に使って。

野菜がもりもり食べられる
作りおきみそ
ピリ辛ツナみそ

冷蔵保存で
1〜2日

材料（作りやすい分量）
ツナ（水煮・缶詰）…小1缶分
玄米甘麹…大さじ3
みそ…大さじ1½
豆板醤…小さじ1

作り方
ツナは汁けをしっかりきり、
すべての材料をまぜ合わせ
る。

ピリ辛ツナみそで
おすすめの1品
ゆでたブロッコリーをあえ
て。

栄養 Beauty Memo
ツナは缶詰で手軽に買いおきで
き、魚が手軽に食べられる優秀
食材。水煮を使うことでカロリー
減に。

肉や魚の味を引き立てる
しょうゆベースのさっぱり味
すりおろし玉ねぎの
和風ドレッシング

冷蔵保存で
2〜3日

材料（作りやすい分量）
玉ねぎ（すりおろし）…大さじ3
玄米甘麹…大さじ3
しょうゆ…大さじ2
昆布茶…小さじ1
酢…大さじ1〜2
塩…少々

作り方
すべての材料をまぜ合せる。

すりおろし玉ねぎの和風ド
レッシングでおすすめの1品
淡泊な白身魚にかけて。写
真はたらに塩、酒少々をふ
り、ラップをして電子レン
ジで約2〜3分加熱。水菜
と一緒にサラダ風に。

栄養 Beauty Memo
玉ねぎの辛味成分は、糖質代謝
に欠かせないビタミンB₁の吸収
率をアップし、ダイエットをサポ
ートしてくれます。

玄米甘麹はどんな調味料にもよく合うので、たれやドレッシングにも使えます。
自然な甘味を利用すれば、どれもノンシュガーでOK。保存がきくので、作りおきもできます。

辛くて甘くて酸っぱい
複雑な味がやみつきに
韓国風ドレッシング

冷蔵保存で
2〜3日

材料（作りやすい分量）
コチュジャン…大さじ1
粉とうがらし（なければ一味とうがらし）
　…小さじ½
玄米甘麹…大さじ2
しょうが（すりおろし）…小さじ2
白いりごま…大さじ1
酢…大さじ2
塩…小さじ½

作り方
すべての材料をまぜ合わせる。

韓国風ドレッシングで
おすすめの1品
冷ややっこにかければ、韓
国風のおつまみに。たれの
おいしさがきわだちます。

栄養 Beauty Memo
赤とうがらしの辛味成分・カプサ
イシンには発汗作用や血行をよ
くする働きがあり、冷え性や肩こ
りに◎。

野菜たっぷりのサラダ風ドレッシング
トマトサルサ風

冷蔵保存で
2〜3日

材料（作りやすい分量）
トマト…½個
パプリカ（黄）…¼個
玉ねぎ（みじん切り）…20g
粒マスタード…大さじ1
トマトケチャップ…小さじ1
レモン汁…小さじ1
玄米甘麹…大さじ3
塩、こしょう…各少々

作り方
トマトとパプリカは5mm角に切
り、すべての材料をまぜ合わせ
る。

トマトサルサ風で
おすすめの1品
グリーンサラダにかけれ
ば、たっぷりの野菜もらく
らく食べられる。

栄養 Beauty Memo
1日にとりたい野菜の量は350g。
トマトなら大2個でクリアです
が、単品でとらずに、何種類かの
野菜を食べたほうが、いろいろな
栄養が効率よくとれます。

血行促進
冷え性予防
発汗作用

ゆずこしょう

ゆずこしょうは、青唐辛子とゆずの果皮に塩を加えてすりつぶし、発酵熟成させたものです。九州などでは昔から一般的な調味料として使われていて、辛味と香りの両方が楽しめます。

■ ゆずこしょうできれいになる理由

ゆずの皮には、香り成分のリモネンや、ポリフェノールの一種ヘスペリジンが含まれています。これらは柑橘類に多く、リモネンはリフレッシュ効果のほか、交感神経を活性化させて血行促進の効果が、また、ヘスペリジンも毛細血管の強化や血行促進の効果があります。さらに唐辛子の辛味成分カプサイチンには発汗作用などの働きがあることから、体を温める効果が期待できます。ただし辛味が強いので食べすぎには注意を。

[作るのに適した時期] 青唐辛子の旬は7〜9月、青ゆずの旬は7〜8月なので、ゆずこしょうを作る時期は7〜8月です。ただし、黄ゆずを使う場合は、夏に青唐辛子を塩漬けし、黄ゆずが出回る11〜12月に加えます。

[保存方法＆消費目安] 塩分の加減にもよりますが、冷蔵庫で発酵熟成したのち、自家製の場合は冷蔵庫保存で3カ月ほどで食べきるのがおすすめ。

[おいしい食べ方、使い方] 鍋、うどん、刺し身などの薬味のほか、青唐辛子の辛味を生かして、エスニック料理の香辛料としてカレー作りにも使えます。

材料（作りやすい分量）
青ゆず…6〜7個
青唐辛子…90g
塩…20g

唐辛子を扱うので、ゴーグル、マスク、ゴム手袋（調理用）を用意。フードプロセッサーでかくはんの際、刺激の強い辛味成分が空中に漂うので必須アイテム。

作り方

1 青ゆず、青唐辛子を洗う。

2 キッチンペーパーで、水けをしっかり拭きとる。

3 ゴーグル、マスク、ゴム手袋をして、青唐辛子のヘタを切り落とし、縦半分に切る。

4 種をこそげ落とすようにして取り除く。

5 小さめにざく切りする。

6 フードプロセッサーに入れて、粒々が残る程度にあらめにかくはんする。

7 ゆずの皮の緑色の部分をすりおろす。目の細かなおろし器（写真はグレーダー）を使い、できるだけ白い部分を入れないようにおろすのがコツ。

8 すり鉢に、6の青唐辛子、7のゆずの皮を入れる。

9 皮をおろしたゆずから、ゆずの果汁をしぼり、小さじ1を加える。

10 塩を加える。

11 なめらかな状態になるまで、すり鉢でする。フードプロセッサーを使ってかくはんする場合、なめらかになりすぎるので、均一にまざったくらいで止める。

12 保存容器に入れ、冷蔵庫で10日ほど置いて発酵させる。完成したら小さなびんに小分けしておくと使いやすい。冷蔵庫で保存、3カ月を目安に使いきって。

> ゆずこしょう作りで
> 残った、ゆずを使って

ゆず酢しょうゆ

ひと煮立ちさせるのが
ポイント。
手作りならではの
まろやかな酸味

材料（作りやすい分量）
ゆず果汁…100㎖
しょうゆ…100㎖
みりん…大さじ1
酒…大さじ1

作り方

1 ゆずを半分に切り、果汁をしぼる。種が入っ
てもいい。

2 鍋に材料のすべてを入れ、ひと煮立ちさせて
火を止める。冷めたらこしてびんに移す。冷蔵
庫で2週間ほど保存できる。（平岡）

市販のペーストがなくても、ゆずこしょうでOK

即席エスニックグリーンカレー

材料（2人分）

豚バラ薄切り肉…150g
えび…8尾
なす…2本
赤ピーマンまたはパプリカ…2個
マッシュルーム…1パック
ゆずこしょう…大さじ3
にんにく（みじん切り）…1かけ分
しょうが（みじん切り）…1かけ分
A ┃ ココナッツミルク…1缶（400㎖）
　 ┃ 鶏ガラスープの素（顆粒）…小さじ½
　 ┃ あればコブミカンの葉…2枚
ココナッツオイル、ナンプラー…各大さじ2
塩、こしょう…各適量
ごはん…適量

作り方

1 豚肉はひと口大に切り、塩、こしょうをふる。えびは背わたをとり、殻をむき、厚みを半分に切る。なすは皮をむき、乱切りにして塩水につけてざるにあげる。赤ピーマンはヘタと種を除き、乱切りにする。マッシュルームは石づきをとる。

2 鍋にココナッツオイル、にんにく、しょうがを入れて火にかける。焦がさなうよう弱火で炒め、香りが出てきたら、豚肉を加えて炒める。

3 肉の色が変わったらゆずこしょう、なす、赤ピーマン、マッシュルームを加えてさっと炒める。

4 えびを加えてさっと炒め、Aを入れる。ときどきかきまぜながら弱火で約15分煮る。

5 仕上げにナンプラーを加え、塩、こしょうで味をととのえる。器にごはんを盛り、グリーンカレーをかける。（平岡）
※豚肉のかわりに鶏肉でもいい。ヤングコーン、緑ピーマンを加えたり、香菜をトッピングしても。

ゆずこしょう味のマヨネーズで、ソースいらず

ひと口とんかつ、ゆずこしょうマヨネーズ添え

材料（2〜3人分）

豚ヒレかたまり肉…500g

塩、こしょう…各少々

薄力粉、とき卵、パン粉、揚げ油
　…各適量

A｜ゆずこしょう…小さじ2
　｜マヨネーズ…大さじ2

作り方

1 豚肉は1cm幅に切り、塩、こしょうをふって軽くもみ込む。

2 薄力粉、とき卵、パン粉の順に衣をつける。

3 揚げ油を熱し、2を入れて中まで火を通す。

4 器に盛り、Aをまぜ合わせたソースをかける。あればミニトマトを添えても。

（平岡）

油揚げはフライパンでカリカリに香ばしく焼いて

焼き油揚げ、ツナのゆずこしょうあえ

材料（2人分）

油揚げ…2枚

ツナ（缶詰）…100g

万能ねぎ…3本

A｜ゆずこしょう…小さじ1
　｜白いりごま…大さじ2
　｜オリーブ油…大さじ3

作り方

1 油揚げは横半分に切ってから1cm幅に切る。フライパンに油をひかず、油揚げを入れて表面をカリカリに焼く。

2 ツナは油（または汁）をきる。万能ねぎは小口に切る。

3 ボウルにAを入れてまぜ、1、2を加えてあえる。（平岡）

113

美肌　冷え性予防
免疫力向上

発酵バター

ヨーグルトの乳酸菌を生クリームにプラスして作ります。すっとした口どけと風味のよさ。この味を知ったら手作りせずにはいられないかも。まずはパンに塗って味を堪能してください。

■ 発酵バターできれいになる理由

バターには皮膚や粘膜を丈夫にし、うるおいを維持して乾燥から守るビタミンAが豊富。また血行を促進するビタミンEも豊富で、肌荒れ改善、美肌効果が期待できます。バターは動物性脂肪なのでコレステロールの原因になると敬遠されがちですが、コレステロールはホルモンや、体の組織を構成する細胞膜の原料として重要で、低すぎると免疫力の低下につながってむしろ弊害があるという報告もあります。バランスよくとることが大切です。

[作るのに適した時期] 一年中OK。ただし、夏場や梅雨時期は、発酵させる際に雑菌が入らないよう、管理に注意を。
[保存方法＆消費目安] 冷蔵保存で、1週間を目安に食べきりましょう。冷蔵庫内でもゆっくり発酵が進みます。
[おいしい食べ方、使い方] 普通のバターと同様の使い方でOK。非発酵の普通のバターと比べ、甘酸っぱい香りとコクのある味わいが特徴です。トーストなどシンプルにバターの風味を楽しんでください。

材料（作りやすい分量）
生クリーム（乳脂肪分45％以上）
　　…200㎖
プレーンヨーグルト…大さじ1

バターの味がストレートに味わえる。塩を加えれば有塩バターに。

114

作り方

1 生クリームのパックをあけ、ヨーグルトを加えてまぜる。

＊入れるヨーグルトの菌の種類によって、発酵温度が異なります。

2 口を閉じて封をし、ひと晩置いて発酵させる。あればヨーグルトメーカーに入れるのがもっとも簡単。

＊カスピ海ヨーグルト、ケフィアヨーグルトの場合→ 発酵温度25℃。春夏秋は室温でOK。冬場は暖かい部屋に置く。
＊そのほかのヨーグルトの場合 →発酵温度40℃。オーブンの発酵機能を利用する。または、発泡スチロールの箱に使い捨てカイロを入れて温める。

3 冷蔵庫で2〜3日休ませる。パックの中の生クリームはゆるく固まる。写真は固まった状態。

4 適度な大きさのびんに移し、上下に振る。10分以上振り続けると、だんだん水分と乳脂肪が分離し、固まってくる。水分を途中で捨て、さらに30〜40分振り続けると、ひとつに固まる。

5 キッチンペーパーにのせ、水分をとる。保存容器に入れ、冷蔵庫で冷やして完成。

115

塩レモン

塩レモンとは、レモンを塩漬けして発酵させたもので、北アフリカのモロッコが発祥といわれ、
酸味と塩けが絶妙で、レモンの香りがスパイスがわりにもなる調味料です。

■ 塩レモンできれいになる理由

　塩レモンは、塩に酸味が加わり、さらに発酵熟成
していることで塩けがなじんでいることから、少ない
塩分で満足感のある味つけができ、減塩効果が大き
く期待できます。

　また、レモンの果皮にはレモンから名づけられたリ
モネンという香り成分があり、このアロマ効果も加わ
り、減塩効果が相乗。またリモネンには交感神経を
刺激し、うつうつとした気分を晴らすリフレッシュ効
果も。また肉や魚のくさみを消すことから、食欲増進
効果も期待できます。

　さらに、レモンの酸味であるクエン酸は、体のエネ
ルギー代謝を活性化させることで、疲労回復にも役
立ちます。

[作るのに適した時期] レモンを皮ごと漬けるので、ぜひ
無農薬の国産レモンを手に入れたいもの。国産レモンの
旬は冬で1〜2月、メイヤーレモンは12〜3月。冬は発酵し
にくいので、汁が上がるまでは暖かい部屋で保管して。

[保存方法&消費目安] 汁が出てきたら、冬は常温で、夏
は冷蔵庫で保存。1年を目安に食べきるのがおすすめ。

[おいしい食べ方、使い方] 肉の下味に使って、そのまま
グリルやローストに。肉、野菜と塩レモンを煮込んで鍋
ものやスープに。刻んでパスタや炒めものの味つけにし
てもおいしい。

材料（作りやすい分量）
国産レモン、またはメイヤーレモン（ノーワックス）…5個
塩…約75g（レモンの重量の約15%）
＊メイヤーレモンとはオレンジとレモンをかけ合わせた種類のレモン

作り方

1 レモンはよく水洗いし、水けを拭きとって乱切りにする。ここでは乱切りにしたが、切り方は、薄い輪切り、せん切りなど好みでいい。

2 保存びんに、塩、レモン、塩、レモンの順で入れていく。

3 最後に塩をふり、ふたをする。冷暗所に置いて1日1回、びんを左右に大きく傾けながら塩をなじませ、常温に10〜14日置いて塩がなじみ、汁が出てくるのを待つ。

2週間後

4 約2週間置いたもの。塩がなじんで実がくずれてくる。漬け汁がどんどん出て上がってくる。

塩レモンが淡泊な鶏肉と野菜のうま味を引き出す

鶏肉とトマトの塩レモンタジン鍋風

材料（2人分）

鶏骨つきぶつ切り肉
　　…2本分
トマト…1個
ズッキーニ…½本
塩レモン…大さじ3〜4
塩…小さじ2
こしょう…少々
オリーブ油…大さじ2

作り方

1　鶏肉は塩、こしょうをふり、よくもんで少し置いて下
　味をつける。

2　トマトは7〜8mm幅の輪切り、ズッキーニは1cm幅に
　切る。塩レモンは小さく刻む。

3　土鍋（あればタジン鍋）にオリーブ油をひき、1の鶏肉
　を並べる。上に野菜をのせ、塩レモンを散らして、ふ
　たをする。

4　3を火にかけ、中火で8〜10分加熱する。ふたをした
　まま5分ほど蒸らして余熱でさらに火を通す。（平岡）

いつもの焼き魚が、塩レモンを使えば洋風に

さばの塩レモン焼き

材料（2人分）
さば(切り身)…4切れ
塩レモン…大さじ2
オリーブ油…大さじ1

作り方

1 さばは皮に切り目を入れる。塩レモンを薄く切って、オリーブ油とともにからめ、15分ほど置く。

2 1を塩レモンがついたまま魚焼きグリルに並べ、こんがりと焼く。両面焼きの場合はそのまま、片面焼きの場合は途中で上下を返して。

3 器に盛り、好みでオリーブ油(分量外)をまわしかける。(平岡)

バジルペースト

生のバジルの葉ににんにく、松の実、塩を加えてすりつぶし、オリーブ油を入れてかくはんした緑色のソース。ジェノベーゼ（ジェノバ風）ソースとも呼ばれ、イタリアンではおなじみ。

■　バジルペーストできれいになる理由

　バジルの独特の香り成分には鎮静作用があり、精神疲労をやわらげるリラックス効果が期待できます。またバジルの色素は、β-カロテンが豊富で、その含有量は野菜の中でもトップクラス。β-カロテンは体内でビタミンAにかわり、皮膚粘膜を正常に保って美肌や風邪予防などの働きをするほか、高い抗酸化作用が期待できます。油と一緒にとることで吸収力が高まるため、オリーブ油と合わせたペーストは理想的な食べ方です。

［作るのに適した時期］バジルの最盛期は夏、7〜9月です。最近はスーパーのハーブ売り場で一年中売られていますが、旬のバジルで作れば、香り高いペーストができます。

［保存方法＆消費目安］使ったあとは、ペーストが空気にふれないようオリーブ油をかぶるまで注ぐこと。冷蔵庫に保存し、1〜2カ月で使いきるのがおすすめ。

［おいしい食べ方、使い方］ソースとして、ゆでたてのパスタや野菜、魚介とからめて。ピザのソースに。肉や魚のグリルにかけて。ドレッシングとして生野菜のサラダにも。

材料（作りやすい分量）

A　｜　バジル…60g
　　｜　にんにく…½かけ
　　｜　塩…小さじ1

松の実、くるみ（ローストしたもの）…各15g

オリーブ油…100㎖

パルメザンチーズ（すりおろし）…大さじ6

作り方

1 バジルは、枝から葉だけを摘みとる。

2 フードプロセッサーにAを入れる。

3 ざっと、かくはんする。あまり細かくしなくていい。

4 松の実、くるみを入れ、さらにかくはんする。

5 オリーブ油を2〜3回に分けながら加え、そのつどかくはんする。

6 まんべんなく全体がまざるように、まわりについたペーストをゴムべらで中に寄せる。

5 最後にパルメザンチーズを加え、なめらかなペースト状にかくはんする。

6 ペーストを保存びんに移し、オリーブ油（分量外）を、ペーストの表面が隠れるまで加える。空気にふれないようにすることで変色を防ぎ、カビ防止になる。小分けにして冷凍してもOK。使うときは自然解凍で。

コクのあるジェノベーゼソースをたっぷりかけてどうぞ

ゆでじゃが、えび、トマトの ジェノベーゼあえ

材料（4〜5人分）
じゃがいも…4個
ゆでえび…8尾
ミニトマト…10個
バジルペースト…大さじ6
パルメザンチーズ…適量

作り方

1 じゃがいもは皮つきのまま水からゆでる。熱いうちにとり出し、やけどしないように皮をむき、食べやすく切る。

2 ゆでえびは殻をむく。ミニトマトは半分に切る。

3 器に1、2を盛り、バジルペーストをかける。上からパルメザンチーズをすりおろす。（平岡）

Part 4
体が若返る保存食

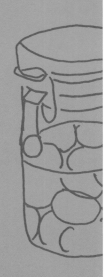

ジャム、グラノーラ、マヨネーズ。

毎朝、自分の手作り食品でスタートできたら、

一日がハッピーに！　そのほか、

手作りツナや鶏ハムなど、お弁当にも大活躍する

作り置きできるメニューもご紹介します。

フルーツジャム

季節の好みのフルーツでどうぞ。果肉たっぷりでぜいたくに、
砂糖の量も加減できるのが手作りだからこそできるひと工
夫。パンやヨーグルトに添えれば、朝食がぐっと華やかに。

■　フルーツジャムできれいになる理由

　ブルーベリーなどのフルーツの紫や赤などの鮮や
かな色素には、ポリフェノールの一種アントシアニン
が豊富に含まれています。これは眼の網膜にあるロ
ドプシンという色素体の再合成を活性化することで
眼精疲労回復など目にいい効果が期待できると注目
されています。また、ジャムになるフルーツにはペクチ
ンなどの水溶性食物繊維が豊富。保水性が高く、ゲ
ル状になって腸内を移動し、便秘解消に効果的です。

[作るのに適した時期]　フルーツの旬に合わせて一年中作
れます。ブルーベリーは輸入ものは一年中手に入りますが、
国産の旬は6〜8月。いちじくの旬は6〜10月。
[保存方法＆消費目安]　ジャムが熱いうちに保存びんに
入れてふたをし、そのまま冷まします。開封しなければ常
温で3〜4カ月保存可能。開封したら冷蔵庫で保存し、
1カ月以内に食べきって。
[おいしい食べ方、使い方]　パンに塗ったり、ヨーグルト
に添えて。お菓子作りにも利用するとメニューの幅が広
がります。

いちじくのジャム

材料（作りやすい分量）
いちじく…600g
グラニュー糖…200〜250g
レモン…½個

作り方

1 いちじくを洗い、キッチンペーパーで水けを拭く。皮をむき、小さく切ってボウルに入れる。グラニュー糖をふり、レモンをしぼって30分置く。

2 鍋（銅鍋など酸に強い鍋）に1を入れ、強火にかける。

3 沸騰したら、出てきたアクはていねいにすくいとる。アクをとることで雑味がなく、すっきりとした味になる。

4 火を弱め、鍋肌に焦げつかないよう様子を見て、ときどきかきまぜながら弱火で煮る。

5 とろんとして透き通ってきたら、熱いうちに煮沸消毒したびんに入れる。

6 ふたをして密閉する。密閉されたままの状態でふたをあけなければ、常温で保存可能。あけたものは冷蔵庫で保存を。

一番人気のジャムといえばコレ

ブルーベリージャム

材料（作りやすい分量）
ブルーベリー…600g
グラニュー糖…250〜280g
レモン…½個

作り方

1 ブルーベリーをさっと洗い、水けをしっかりきってボウルに移す。グラニュー糖をふり、レモンをしぼって30分ほど置く。

2 鍋（銅鍋など酸に強いもの）に入れて火にかける。アクが出てきたらていねいにすくいとり、鍋肌が焦げないよう、ときどきまぜながら煮る。写真は煮上がり。

3 煮沸消毒したびんに入れ、熱いうちにふたをする。ふたをあけなければ、常温で保存。あけたものは冷蔵庫で保存を。

ほどよい上品な甘酸っぱさ。手みやげにもぴったり

ブルーベリージャムのパウンドケーキ

材料（17.5×8㎝のパウンド型1台分）

無塩バター…120g

塩…少々

三温糖…100g

卵…L2個（正味120g）

A｜薄力粉…100g

　｜アーモンドパウダー…20g

　｜ベーキングパウダー…小さじ½

ブルーベリージャム…大さじ3

準備

・バター、卵は常温に戻しておく。

・Aの粉類をポリ袋に入れてふり、よくまぜておく。

・型に合わせてオーブンシートを切って入れておく。

作り方

1 バターに塩を加え、なめらかになるまでゴムべらで練り、ハンドミキサーで角が立つまでかくはんする。

2 三温糖を3回に分けて1に加え、そのつどハンドミキサーで空気を含ませるようにかくはんする。

3 卵をときほぐし、2に少量ずつ加えながらハンドミキサーでかくはんする。

4 Aを3にふり入れ、ゴムべらでさっくりとまぜる。粉っぽさがなくなったらブルーベリージャムを加えてまぜ、型に流し入れる。台の上に型ごと2回軽く落として空気を抜く。

5 170℃に予熱しておいたオーブンに入れて約50分焼く。竹串をさしてみて、ドロッとした生地がついてこなければオーブンから出す。

6 型から出して網にのせ、あら熱がとれるまで冷ます。（平岡）

127

腸内環境アップ
便秘解消
貧血予防　美肌

グラノーラ

グラノーラとは、オートミールを主材料に、ナッツやドライフルーツを加えて、はちみつやメープルシロップで味つけして炒ったもの。ここではフライパンで手軽にできる方法で紹介します。

■ グラノーラできれいになる理由

　グラノーラの主材料であるオートミールは、オーツ麦と呼ばれる麦を食べやすく加工したもの。精白をしないで加工される全粒穀物食なので、玄米と比べても、骨や歯の健康に欠かせないカルシウムは7倍、貧血予防にいい鉄は6倍、便秘を予防する食物繊維は8倍と非常に栄養豊富。加えるナッツには血行をよくする働きのあるビタミンEが、ドライフルーツには抗酸化作用のあるポリフェノールが、と、これひとつで栄養は万全です。

[作るのに適した時期] 一年中いつ作ってもOKです。
[保存方法&消費目安] 密閉容器などに入れ、常温なら1週間、冷蔵庫なら2週間保存可能。湿気やすいので、乾燥剤を入れるといいでしょう。
[おいしい食べ方、使い方] 牛乳、豆乳をかけて。ヨーグルトのトッピングにするほか、スープやサラダのトッピングにも使えます。材料のナッツやドライフルーツは好みで増やしてかまいません。はちみつなど甘味料を増やすと、ごろごろとかたまりができやすく、ザクザクした食感のグラノーラになります。

材料（作りやすい分量）
オートミール…200g
ナッツ（くるみ、アーモンド、かぼちゃの種など）…80g
ドライフルーツ（レーズン、パイナップル、マンゴーなど）…80g
白いりごま…大さじ2
A｜三温糖、はちみつ…各大さじ2
　｜ココナッツオイル…大さじ3

作り方

1 フライパンにオートミールを入れ、中火でこうばしい香りがするまで、木べらでまぜながら炒る。

2 ナッツ、白ごまを加える。

3 木べらでまぜながら2分ほど炒る。

4 オーブンシートの上に広げ、あら熱がとれるまで冷ます。

5 フライパンにAを入れて火にかけ、かきまぜながらふつふつと煮立てる。

6 4を入れ、ドライフルーツを加え、全体をまんべんなくまぜる。

オートミールとは？
オーツ麦を蒸してローラーでフレーク状にしたもの。水溶性と不溶性の食物繊維が含まれるほか、ビタミンB₁や鉄も多い。

7 弱火にかけながら木べらで絶えずまぜる。重かったへらが軽くなるまで炒る。

8 オーブンシートの上に広げて冷ます。冷めたら保存容器に移して保存。

食物繊維たっぷりの
グラノーラをヨーグルトにかけて

グラノーラがけ
ヨーグルト

チーズと野菜をプラスして、
栄養バランスよく

グラノーラのサラダ

材料（2人分）
グラノーラ…大さじ4
バゲット…5cm
ベビーリーフ…2パック
カッテージチーズ…大さじ4
A｜オリーブ油…大さじ3
　｜米酢…大さじ1
　｜はちみつ…小さじ1
　｜塩、こしょう…少々

作り方
1 バゲットは1cm角に切り、オリーブ油適量（分量外）を入れたフライパンでカリカリにソテーする。
2 ベビーリーフは冷水につけてパリッとさせ、水けをしっかりきる。ボウルに入れ、Aを加えてあえる。
3 器に2を盛り、1、グラノーラ、カッテージチーズをのせる。（平岡）

ココア風味で、
ブレークタイムにもぴったり
ココア＆クランベリーグラノーラ

材料（作りやす分量）
オートミール…200g
ナッツ（くるみ、カッシューナッツ、かぼちゃの種など）
　…80g
白いりごま…大さじ2
ドライフルーツ（クランベリー、レーズン、マンゴーなど）
　…80g
A｜三温糖、はちみつ…各大さじ2
　｜ココナッツオイル…大さじ3
ココアパウダー…大さじ1
シナモンパウダー…小さじ1

作り方

1 フライパンにオートミールを入れ、中火でこうばしい
　香りがするまで炒る。

2 ナッツ、白ごまを加え、木べらでまぜながら2分ほど炒
　り、オーブンシートの上に広げて冷ます。あら熱がと
　れたら、ドライフルーツを加えまぜる。

3 フライパンにAを入れて火にかけ、ふつふつと煮立て
　る。2を加え、弱火にして絶えず木べらでまぜ、重かっ
　たへらが軽くなるまで炒る。

4 オーブンシートの上に広げ、ココアパウダーとシナモ
　ンパウダーをふる。冷めたら保存容器に移す。（平岡）

メープルシロップのさらりとした
甘味をコーティングして
バナナチップ＆
メープルグラノーラ

材料（作りやすい分量）
オートミール…200g
ココナッツファイン…大さじ3
ナッツ（くるみ、カッシューナッツなど）…80g
白いりごま…大さじ2
ドライフルーツ（バナナチップ、レーズン、クランベリー
　など）…80g
A｜三温糖…大さじ1
　｜ココナッツオイル、メープルシロップ…各大さじ3

作り方

1 フライパンにオートミールを入れ、中火でこうばしい
　香りがするまで炒る。

2 ココナッツファイン、ナッツ、白ごまを加え、木べらで
　まぜながら2分ほど炒り、オーブンシートの上に広げ
　て冷ます。あら熱がとれたら、ドライフルーツを加え
　まぜる。

3 フライパンにAを入れて火にかけ、ふつふつと煮立て
　る。2を加え、弱火にして絶えず木べらでまぜ、重かっ
　たへらが軽くなるまで炒る。

4 オーブンシートの上に広げる。冷めたら保存容器に移
　す。（平岡）

干し野菜

干し野菜は昔の人の知恵が生んだ保存技術のひとつです。からからになるまで干せば保存もきき、味わいも凝縮。近年はその栄養的なメリットが注目されています。

■ 干し野菜できれいになる理由

　野菜は干すことで水分が抜け、かさが減るため、一度にたくさん食べることができます。かさが減っても食物繊維量は変わりませんので、効率よく食物繊維をとることが可能に。2015年版日本人の食事摂取基準では1日にとりたい食物繊維量は約20ｇ。干し野菜を食物繊維量アップに上手に使いましょう。

[作るのに適した時期] 一年中いつ作ってもＯＫ。
[保存方法＆消費目安] からからに干したものは紙袋やポリ袋に入れて冷暗所で保存し、2週間を目安に食べきって。
[おいしい食べ方、使い方] 調味料と合わせてあえものや漬物、酢の物に。鍋料理や煮物の具材にもおすすめ。

材料（作りやすい分量）
旬の野菜、好みの野菜…適量

作り方
野菜またはフルーツは薄切りにしてざるに広げて干す。夏は1日干すだけでからからになる。もし雨が降ってしまったらとり込んで、100℃のオーブンで30分くらい加熱して乾燥させ、翌日再び外で干すといい。水分の多い野菜は塩をして水けをしぼってから干すと時間の短縮に。すぐに使う場合は、水分の残ったセミドライでもいい。

どんな野菜でもお好みで。
干し野菜ならではのうま味と食感が絶品

干し野菜の酢じょうゆ漬け

材料（作りやすい分量）
きゅうり…250g
白うり…250g
塩…10g（野菜の2％の分量）
しょうが…30g
ぼたんこしょう…2個
（または赤唐辛子1本でも可）
刻み昆布…15g
A｜しょうゆ…100㎖
　｜酢、水…各50㎖
　｜みりん…大さじ1

作り方

1 きゅうりは1cm厚さの斜め切りにする。うりは半分に切って種を除き、同じく1cm厚さに切る。全体に塩をして1時間置き、水けをしぼる。

2 ざるに広げ、天日で1日干す。

3 しょうがは薄切り、ぼたんこしょうはせん切りにする。

4 保存容器に2、3、刻み昆布、Aを入れて漬ける。半日ほど置いてから食べ始められ、冷蔵庫で1週間ほど保存できる。（横山）

自然な甘さに、レモンのさやわやかな酸味。
美容にもうれしい1品

干しりんごの酢の物

材料（作りやすい分量）
干しりんご（下記参照）…100g
干しぶどう…大さじ3
レモン汁…大さじ4
はちみつ…大さじ1½
水…大さじ2

作り方

1 干しりんごはさっと洗ってひと口大に切る。干しぶどうもさっと洗う。ともに水けをきり、ボウルに入れてまぜ合わせる。

2 2にレモン汁、はちみつ、水を入れ、手でもみ込む。

（横山）

※干しりんごの作り方

りんごは皮をよく洗って拭き、皮つきのまま薄くスライスしてざるに広げ、天日干しする。

ふわふわマヨネーズ

全卵で作る、でき上がりはふわふわ、フルフルのやわらか食感。いつものマヨネーズの常識がくつがえるおいしさです。マヨネーズは市販品という方はぜひ一度お試しを。

■ ふわふわマヨネーズできれいになる理由

　マヨネーズのおもな材料は卵と植物油です。卵はビタミンC以外の栄養素がバランスよく含まれており、完全食品ともいわれる食品です。植物油の特徴は種類にもよりますが、マヨネーズにはクセのないものがおすすめ。菜種油や米油ならオレイン酸が豊富で、悪玉コレステロールのみを減らす効果が期待できます。グレープシードオイルはビタミンEが多く、血流改善や肌荒れ予防に役立ちます。

[作るのに適した時期] 一年中OK。
[保存方法＆消費目安] 冷蔵保存で、1週間を目安に食べきりましょう。でき上がったら保存容器に移し、使うときは汚いスプーンなどを入れないように注意しましょう。
[おいしい食べ方、使い方] 普通のマヨネーズと同様に使えます。トロトロとして粘度が弱いぶん、肉や魚にソースとしてかけたり、ゆで野菜のディップとしてそのまま使えて便利です。好みでカレー粉などの香辛料、ドライハーブなどを加えてアレンジも自在。

材料（作りやすい分量）
卵（室温に戻しておく）…1個
A 米酢…大さじ1
　 フレンチマスタード…小さじ1
　 塩…小さじ½
　 こしょう…少々
菜種油…200㎖

作り方

1 ボウルに卵を割り入れ、Aを加える。

2 ハンドミキサー（または泡立て器）で空気を含ませるように、泡立てていく（酢の量をこれ以上多くすると、分離して失敗しやすいので量は守って）。

3 空気を含んで白っぽくなってきたら、菜種油を少しずつ、糸状にたらしながら加え、泡立てていく。

＊油は、ほかにサラダ油、グレープシードオイル、米油などクセのないものが向いている。オリーブ油はレシチンに似た分解成分が含まれているため、マヨネーズを分離させるので、使えない。

4 スプーンですくうとふわりと軽く、とろみがついたらでき上がり。保存びんなどに入れて、冷蔵庫で保存。1週間以内で食べきって。

ふわふわマヨネーズを野菜のスティックで

きゅうり、大根、にんじんをスティック状に切り、ディップのようにつけてどうぞ。

塩豚

豚かたまり肉に塩をまぶすだけ。肉に塩味がつくだけでなく、日持ちがよくなり一石二鳥。塩加減は好みですが、ここでは約3％。食べるときは、スープや鍋に入れたり、ゆで豚にして。

■ 塩豚できれいになる理由

　豚肉にはまず、アミノ酸バランスのいい動物性たんぱく質が豊富に含まれています。たんぱく質は私たちの筋肉、皮膚などの体の構造を作るだけでなく、体の機能に関わるホルモンや消化液なども作っています。だから、たんぱく質をしっかりとるだけで、疲れにくい体作りができるのです。さらに豚肉は、疲労回復効果の高いビタミンB$_1$の含有量が食品中トップクラス。エネルギー代謝を促進するため、体の疲れ、肩こり、筋肉疲労には豚肉がおすすめ。

[作るのに適した時期] 一年中いつ作ってもOK。
[保存方法＆消費目安] 塩をまぶしたら冷蔵庫で保存し、5日を目安に食べきって。塩豚をゆでた場合も、冷蔵庫で保存し、2～3日以内に食べきって。ゆでないほうが日持ちします。
[おいしい食べ方、使い方] 塩豚をゆで、ゆで豚にし、スライスしてどうぞ。サンドイッチの具材や、チャーハンやパスタの具にしてもおいしい。また、塩豚のまま切って鍋やスープに入れると、いいだしが出ます。

作り方

材料(作りやすい分量)
豚バラかたまり肉…約600g
塩…大さじ1

1 豚肉に塩をふり、よくもみ込む。

2 豚肉をラップでぴっちり包み、ジッパーつき保存袋に入れて冷蔵庫へ。冷蔵庫で約5日保存可能。

薄くスライスした塩豚に、辛味みそがよく合う

塩ゆで豚の韓国風

材料（作りやすい分量）

塩ゆで豚（下記参照）…適量

サンチュ、えごまの葉…各適量

●辛味みそ

みそ、コチュジャン…各大さじ2

ごま油、レモン汁、砂糖…各小さじ1

長ねぎ（みじん切り）…大さじ1

作り方

1 塩ゆで豚は薄く切り、サンチュ、えごまの葉とともに
器に盛る。

2 辛味みその材料をまぜ合わせ、塩ゆで豚に添える。

（平岡）

● 食べ方の例　ゆで豚にする

鍋に塩豚、長ねぎの青い部分、しょうがの薄切りを
入れ、ひたひたの水を注ぐ。火にかけ沸騰したら15
〜20分弱火でゆでる。火を止め、そのまま冷ます。

※食べきれず残った塩ゆで豚をとっておく場合は、汁けはきっ
て保存容器に入れ、冷蔵庫で。3日以内に食べきって。（平岡）

塩ゆで豚、干し貝柱、
干しえびから出るだしで炊く

塩ゆで豚のおかゆ

材料（4人分）

塩ゆで豚…250g

干し貝柱…大きめ3個

干しえび…15g

米…1合

サラダ油…小さじ1

塩…小さじ½

酒…100㎖

ピータン…2個

クコの実、松の実、香菜…各適量

作り方

1 干し貝柱、干しえびはともに水で戻し、貝柱は適当に
裂く。戻し汁はとっておく。塩ゆで豚は食べやすく切
る。

2 米を洗い、水けをきる。塩、サラダ油を加えてまぜる。

3 大きな鍋に1の戻し汁と水を合わせて1300㎖注ぎ、
火にかける。沸騰したら1の貝柱とえび、塩ゆで豚、2、
酒を入れ、再び沸騰したら弱火にし、ときどきまぜな
がら50分ほど煮込む。仕上げにクコの実、松の実を
加え、塩、こしょう（各分量外）で味をととのえる。

4 器に3を入れ、6等分に切ったピータン、香菜を盛る。

（平岡）

137

鶏ハム

盛りつけ例

コンビニで話題の鶏ハムを、自宅で作ってみませんか？　安価な鶏むね肉を使い、作り方は簡単、でき上がりはしっとりジューシー。お弁当にも使えるので便利です。

■　鶏ハムできれいになる理由

　鶏肉はアミノ酸バランスのいい動物性たんぱく質が豊富で、含有量は牛もも肉に比べて1.4倍。とくに鶏むね肉は低カロリー食品なので、ダイエット中に最適です。また、鶏むね肉には抗疲労物質のイミダペプチドが含まれています。渡り鳥が数千kmも飛び続けられるのは、羽のつけ根にある抗疲労物質が筋肉疲労を防ぐためといわれ、疲労回復や抗酸化作用に効果が期待されています。

[作るのに適した時期] 一年中いつ作ってもOKです。
[保存方法＆消費目安] ジッパーつき保存袋に入れて、余熱で火を通したら、湯の中でそのまま冷まします。完全に冷めたら袋ごと冷蔵庫で保存。3日以内に食べきりましょう。それ以上保存する場合は、袋ごと冷凍がおすすめ。解凍は冷蔵室に移して自然解凍で。
[おいしい食べ方、使い方] スライスしてそのまま、または、わさびじょうゆ、酢じょうゆ、マヨネーズなどで味つけし、酒のつまみに、野菜と合わせてサラダやあえものに。

材料（作りやすい分量）
鶏むね肉（皮なし）…1枚（約300ｇ）
塩…小さじ1強（鶏肉の重量の2％）
酒…小さじ1

作り方

1 鶏肉に塩をすり込む。ジッパーつき保存袋(耐熱性のもの)に鶏肉を入れ、酒をふり入れる。空気を抜きながら口を閉じる。

*冷蔵庫でひと晩寝かすと味がなじんでさらにおいしくなる。その場合は塩を、鶏肉の重量の1.3%(約4g)に減らす。

2 フライパンに1の保存袋を入れ、かぶるくらいまで水を注いで火にかける。

3 皿をのせて重しにし、沸騰したら火を止め、ふたをしてそのまま冷ます。余熱で火を通す。(新井)

なめらかな鶏ハムにアボカドのしっとりとした食感がよく合う

鶏ハムとアボカドのマヨソース

材料(2人分)

鶏ハム…½枚

アボカド…½個

A │ マヨネーズ…大さじ2
　 │ 粒マスタード…小さじ1

作り方

1 鶏ハムは好みの厚さに切る。アボカドは皮と種を除き、同様の厚さに切る。

2 器に交互に盛り、合わせたAをかける。(新井)

中華風の味つけで、お酒のおつまみに最高!

ピリ辛鶏ハム

材料(作りやすい分量)

鶏むね肉(皮なし)…1枚(約300g)

塩…小さじ1強(鶏肉の重量の2%)

酒…小さじ1

A │ 豆板醤…小さじ⅓
　 │ にんにく(すりおろし)…小さじ¼
　 │ しょうが(すりおろし)…小さじ¼

作り方

1 上記の鶏ハムと同様に作る。ただし、作り方1でAを加える。

2 食べやすい大きさに切って器に盛り、あればリーフレタスなどを添える。(新井)

ツナのオイル煮

沸騰させないように、ごく低温の油で煮ると、缶詰風のツナが家庭で簡単にできます。市販のものに比べてくさみがなく、しっとりジューシーです。

■ ツナのオイル煮できれいになる理由

　ツナ（まぐろ）はアミノ酸バランスのいい動物性たんぱく質が豊富で、豚ロースや牛ももよりも多く含みます。また、骨の成長に欠かせないビタミンDが豊富なことも栄養的な特徴のひとつ。腸内でのカルシウムの吸収を促進したり、骨にカルシウムが吸着するのを助ける働きもビタミンDの役割です。さらにまぐろなどの青魚には、血液サラサラ効果が期待できる不飽和脂肪酸のEPAも豊富です。

[作るのに適した時期] まぐろは、生、冷凍ともに一年中流通しています。安く手に入ったときに作り置きするといいでしょう。

[保存方法＆消費目安] 油に浸したまま完全に冷まします。保存容器に移し、油に常に浸した状態で、冷蔵庫で保存。1週間以内に食べきって。

[おいしい食べ方、使い方] ほぐして、塩、しょうゆ、マヨネーズなどで味つけし、酒のつまみに。野菜と合わせてサラダに。サンドイッチやおにぎり、パスタの具材にも。残った油は調理油として利用できます。

香りをかえて、かつお、さばなどほかの魚でも

まぐろの赤身であれば、ビンチョウまぐろ、メジまぐろなどなんでもOK。また、かつお、さば、さんまなど、ほかの魚にかえたり、油をオリーブ油にかえてもいい。タイムやローズマリーなど、ほかのハーブを加えても。自分好みの味を見つけるのも手作りならではの楽しさ。

材料（作りやすい分量）
まぐろ（赤身）…400g
塩…大さじ1
ローリエ…1〜2枚
サラダ油…適量

作り方

1 まぐろに塩をすり込む。ラップで包み、冷蔵庫で1時間〜1時間30分置く。

2 まぐろを水で洗い、キッチンペーパーで水けをしっかり拭きとる。

3 フライパンにまぐろとローリエを入れ、サラダ油をまぐろがかぶるくらい注ぐ。

4 弱火にかけ、ふつふつとしてきたら火を止め、温度を下げる。再び、ごく弱火にかけ約20分加熱する。油の温度が上がりすぎてしまうと素揚げ状態になってしまうので、火をつけたり止めたりして、温度を調節しながら加熱するのがポイント。

ツナをシンプルに味わうならこれ。シャキシャキレタスと合わせて

ツナサラダ

材料（2人分）

ツナのオイル煮…適量

レタス…½個

塩、こしょう…各少々

オリーブ油、マヨネーズ
　…各適量

作り方

1 レタスはボウルにはった水につけ
　る。パリッとしたら水けをきって、食
　べやすく切って器に盛る。

2 ツナのオイル煮を手でほぐし、1の
　レタスの上にのせる。塩、こしょう
　をふり、オリーブ油、マヨネーズを
　まぜてかける。（平岡）

薬味と合わせたツナをたっぷりのせて。冷めてもおいしい

ツナおにぎり

材料（2人分）

ツナのオイル煮…適量

青じそ、みょうが…各適量

A｜白いりごま、マヨネーズ、しょうゆ
　　…各適量

あたたかいごはん（雑穀入り）、のり
　…各適量

作り方

1 ツナのオイル煮を手でほぐしてボ
　ウルに入れる。

2 青じそとみょうがは細く刻み、Aと
　ともに1のボウルに入れてあえる。

3 三角おにぎりを握り、てっぺんを残
　してのりで巻く。2をのせる。（平岡）

Part 5

酢の力で
きれいになる保存食

お酢の酸味はクエン酸で、体の代謝を活性化して、
疲労回復の効果は抜群です。
そのお酢をおいしく、毎日の食生活に気軽にとり入れられる、
手作りメニュー、保存食をご紹介します。

ピクルス

甘すぎず、酸っぱすぎないので、サラダ感覚で野菜がたくさん食べられるレシピをご紹介します。同じ調味液の割合で、さまざまな素材を漬けることができます。

■ ピクルスできれいになる理由

　酢にはさまざまな健康効果があります。主成分は酢酸で、酸味のもとにもなっている成分です。夏の暑い時期、酢を使った料理は、さっぱりと食べやすいだけでなく、酸味が味覚や嗅覚を刺激して、食欲を増進させるため、夏バテ予防におすすめ。また甘酸っぱいピクルスで、酢と糖分を一緒にとることは、体のエネルギー貯蔵庫であるグリコーゲンを効率よく補給する働きがあり、疲労回復にもってこいの食べ方です。

［作るのに適した時期］基本的に一年中いつ作ってもOK。ピクルス液はどんな野菜にも合う配合なので、きゅうり以外にもさまざまな野菜で試してください。

［保存方法＆消費目安］冷蔵庫で10日ほど保存可能。食べ頃は、漬けてから3〜4日後です。

［おいしい食べ方、使い方］そのままサラダのかわりに食べたり、ワインのおつまみに最適。ポークソテーや鮭のグリルなど、肉料理や魚料理のつけ合わせにも使えます。カレーに添えてもおいしいです。

きゅうりのピクルス

材料（作りやすい分量）

きゅうり…3本	赤唐辛子…1本
●ピクルス液	にんにく…1かけ
米酢…200㎖	ローリエ…1枚
水…100㎖	粒黒こしょう…5粒
きび砂糖…60g	ドライトマト…1個
塩…小さじ2	

作り方

1 ピクルス液を作る。野菜がおいしくサラダ感覚で食べられる酸味がやわらかい配合。ドライトマトを加えるとコクが出る。なければ入れなくて可。

酸に強い鍋（ほうろう鍋など）に、ピクルス液の材料すべて入れ、火にかける。沸騰したら弱火にして2〜3分加熱。にんにくは香りが移ったらここで除く。

2 きゅうりは乱切りにする。

3 保存びんにきゅうりを入れる。

4 1のピクルス液が温かいうちに、びんに注ぐ。

5 ふたをして、冷めたら、冷蔵庫で保存。ときどきびんをゆすって液をなじませる。10日以内で食べきる。

145

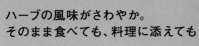

ハーブの風味がさわやか。
そのまま食べても、料理に添えても

卵のピクルス

ほんのりした甘酸っぱさが、意
外に卵に合う。

材料（作りやすい分量）

卵…5個	塩…小さじ2
ディル…1本	赤唐辛子…1本
●ピクルス液	にんにく…1かけ
米酢…200mℓ	ローリエ…1枚
水…100mℓ	粒黒こしょう…5粒
きび砂糖…60g	ドライトマト…1個

作り方

1 卵はゆでて殻をむく。
2 ピクルス液を作る（P145の作り方1参照）。
3 保存びんに1を入れ、2を温かいうちに注ぐ。冷めたらディルを加え、冷蔵庫で保存する。1週間以内に食べきる。（平岡）

好きな野菜を組み合わせて、
彩りと食感、味を楽しむ

大根とミニトマトのピクルス

材料（作りやすい分量）

大根…15cm

ミニトマト…8個

●ピクルス液

米酢…200㎖

水…100㎖

きび砂糖…60g

塩…小さじ2

赤唐辛子…1本

にんにく…1かけ

ローリエ…1枚

粒黒こしょう…5粒

ドライトマト…1個

作り方

1 大根は1.5cm角に切る。ミニトマトはヘタをとる。

2 ピクルス液を作る（P145の作り方1参照）。

3 保存びんに1を入れ、2を温かいうちに注ぐ。冷めたら冷蔵庫で保存する。（平岡）

フルーツサワー

氷砂糖を入れた酢に季節の
フルーツを漬けたものです。
ここでは皮をむいたりんご
を漬けていますが、バナナ、
キウイ、ぶどう、パイナッ
プル、ブルーベリーなどお
好きなものでOK。

■ フルーツサワーできれいになる理由

　酢の効能はさまざまありますが、疲労回復のほか
に注目したいのが高血圧予防効果。血圧が高めの
方に、酢が含まれるドリンクを10週間飲んでもらっ
たところ、血圧が低下することが認められています。
ただし、酢を飲むのをやめるとともに戻ってしまいま
す。酢大さじ1ほどで効果が得られるとのことなので、
毎日続けることが大切です。

［作るのに適した時期］季節に合わせて、一年中作れます。
［保存方法＆消費目安］氷砂糖がとけるまでは常温で保
存、氷砂糖がとけたら飲み頃。フルーツを漬けたまま冷
蔵庫で保存する場合は1カ月以内に食べきって。フルーツ
を2週間を目安にとり出し（食べても可）、液だけを冷蔵
庫で保存する場合は3カ月を目安に使いきって。
［おいしい食べ方、使い方］水や炭酸水で割ってサワード
リンクに。

材料（作りやすい分量）
好みのフルーツ（ここでは、りんご）…2個
氷砂糖…300g
米酢…500㎖

作り方

1 りんごは皮をむき、6等分のくし形切り
　 にする。芯を除き、さらに3等分に切る。

2 保存びんにりんごを入れて氷砂糖をの
　 せ、米酢を注ぐ。

3 1日1回、びんを大きくゆすりながら漬け
　 込む。

この一杯で疲れた体を
リフレッシュ！

サワードリンク

グラスに氷とフルー
ツサワー適量を入
れ、炭酸水適量を
注ぐ。（平岡）

リラックス効果
掃除
ヘアケア

ハーブビネガー

ローズマリーやオレガノ、セージなど、好みのハーブを酢に入れて香りを移します。使いかけの酢や、余ったハーブで気軽にできる手作り調味料です。

■ ハーブビネガーできれいになる理由

　ハーブの香りは自律神経のバランスをととのえ、精神安定に役立ちます。ハーブビネガーを使って、手作りのドレッシングやマヨネーズを作るのも一案。また食べるだけでなく、掃除やヘアケアにも使えます。スポンジに含ませてシンクをこすれば、汚れも臭いもすっきり。また酢の酸性の特徴を生かし、アルカリ性のシャンプーで洗髪したあと、リンスがわりに使うと、中和されて髪がサラサラに。

[作るのに適した時期] 一年中作れます。余ったハーブ、または庭にある季節のハーブを摘んで楽しんでください。
[保存方法＆消費目安] 直射日光があたらない場所で保存。香りがフレッシュなうちに使いきりましょう。ハーブは入れておくと退色するので、香りが移ったらとり出して。
[おいしい食べ方、使い方] ドレッシングやマヨネーズ作りに。肉や魚の下味に。スプレー容器に移し、掃除やヘアケアにも使えます。

材料（作りやすい分量）
好みのハーブ（ローズマリー、ディルなど）…1枝
米酢…300ml

作り方
保存びんに酢を注ぎ、ハーブを入れて漬け込む。

自家製ハーブビネガーで
市販品とはひと味違う味わい

ハーブドレッシング

ハーブビネガー（大さじ2½）、EXオリーブ油（100ml）、塩（小さじ½）、こしょう（少々）をよくまぜる。（平岡）

新しょうがの甘酢漬け

おすし屋さんで出てくる、いわゆる「ガリ」で、夏に出回る、やわらかくみずみずしい新しょうがを使って作ります。酢に漬けると淡いピンク色に染まるのも楽しいです。

■ 新しょうができれいになる理由

しょうがは、昔から薬効が高い野菜とされ、漢方では生薬として使われています。しょうがにはジンゲロールという辛味成分が多く含まれていますが、この成分は加熱するとショウガオールを生成します。ショウガオールは体の末梢血管を拡張させて血行をよくし、代謝を上げ、体を温める作用が期待できます。冷え性改善にはおすすめです。発汗作用もあるので、風邪の引き始めにも役立ちます。

[作るのに適した時期] 甘酢漬けにするやわらかい新しょうがは、6〜8月の間に収穫されます。季節が限られているので、時期をのがさないように。
[保存方法&消費目安] 漬けた翌日から食べられます。冷蔵庫で保存し、1年以内には食べきって。
[おいしい食べ方、使い方] ちらしずしに加えるなど、すしのおともや具材に。刻んで酢の物やあえものに加えて調味料がわりに。炒めものにアクセントとして加えてもおいしい。

材料(作りやすい分量)

新しょうが…200g
塩…大さじ1
●甘酢
米酢または玄米酢
　…300ml

砂糖…90g
塩…大さじ2
酒…大さじ4

盛りつけ例

作り方

1 酸に強い鍋（ほうろうの鍋など）に甘酢の材料をすべて入れ、ひと煮立ちさせる。

2 しょうがの皮をむき、スライサーを使って薄くスライスする。

3 湯を沸かし、しょうがを入れて30秒ほどゆでる。すぐにざるにあげる

4 ざるに広げて水けをきり、塩をふって冷ます。

5 保存びんにしょうがを入れ、1の甘酢を注ぐ。

でき上がり。時間がたつと、しょうがは淡いピンク色に変化する。冷蔵庫で約1年保存できる。ただし、ふたをあけたら早めに食べきる。

うなぎのかわりにツナや鶏そぼろでもできます

うなぎとしょうがのお好みちらしずし

材料（4人分）

米…2合
酒…大さじ1½
昆布…5㎝
A｜米酢…大さじ3½
　｜砂糖…大さじ2
　｜塩…小さじ1強
しょうがの甘酢漬け（P150参照）
　…15〜20枚
卵…3個
B｜塩…ふたつまみ
　｜砂糖…小さじ1
サラダ油…小さじ2
うなぎ（蒲焼き）…1串
酒…小さじ2
きゅうり…1本
白いりごま…大さじ2
塩…少々

作り方

1 すし飯を作る。米を洗い、酒、昆布とともに炊飯器に入れ、すしめしの水加減にして炊く。Aを合わせて甘酢を作り、炊いたごはんにかけてよくまぜ、あら熱をとる。

2 ボウルに卵を割り入れ、Bを加えてまぜる。油を熱したフライパンに流し、箸で大きくまぜて炒り卵を作る。

3 うなぎの蒲焼きに酒をふり、ラップをふんわりとかけて電子レンジで1分〜1分20秒加熱する。串をはずし、1㎝幅の短冊切りにする。

4 きゅうりは輪切りにし、塩をふって軽くもみ、水けをしぼる。しょうがの甘酢漬けは細く刻む。

5 1に2、3、4の具、白ごまを加えてまぜ、器に盛る。（平岡）

発酵食・保存食の保存期間目安一覧

ページ	料理名	保存期間
P14	青梅シロップ	梅を漬けたままなら冷暗所で2カ月を目安に使いきる。梅を除いたら、冷蔵庫で約半年保存可能。
P16	青梅シロップ冷凍版	梅を漬けたままなら冷暗所で2カ月を目安に使いきる。梅を除いたら、冷蔵庫で約半年保存可能。
P18	梅じょうゆ	冷蔵保存で、1年を目安に使いきる。
P20	梅干し	冷暗所に保存し、1年を目安に食べきる。
P28	白梅酢、赤梅酢	冷暗所で保存し、1年を目安に使いきる。
P29	ゆかり粉	常温で保存し、半年を目安に食べきる。
P30	梅のコンポート	冷蔵保存で、3カ月を目安に食べきる。
P34	らっきょうの甘酢漬け	開封しなければ、約1年保存可能。開封したら冷蔵保存で、2～3カ月で食べきる。
P38	塩らっきょう	塩水漬けの状態なら、冷暗所で約1年保存可能。塩抜きしたら保存容器に入れ、冷蔵保存で、1～2カ月で食べきる。
P42	みそ	冷暗所または冷蔵庫で保存し、約1年で食べきる。
P52	ココナッツヨーグルト	冷蔵保存で、3日以内に食べきる。
P54	ヨーグルト	冷蔵保存で、3日以内に食べきる。
P60	ぬか漬け	ぬか床は常温で保存OK、毎日かきまぜる。漬けた野菜は冷蔵保存で、2日ほどで食べきる。
P66	白菜キムチ	冷蔵保存で、2週間を目安に食べきる。
P75	オイキムチ	冷蔵保存で、3～4日を目安に食べきる。
P77	カクテキ	冷蔵保存で、2週間を目安に食べきる。
P80	水キムチ	冷蔵保存で、10日を目安に食べきる。
P84	ザワークラウト	冷蔵保存で、2週間を目安に食べきる。
P88	白菜漬け	冷蔵保存で、2週間を目安に食べきる。
P92	塩麹	冷蔵保存で、半年を目安に食べきる。
P94	しょうゆ麹	冷蔵保存で、半年を目安に食べきる。
P98	玄米甘麹	冷蔵で約3日保存可能。長期保存する場合は、ジッパーつきポリ袋に入れ、薄い板状にして冷凍し、1～2カ月保存可能。
P108	ゆずこしょう	冷蔵保存で、3カ月を目安に食べきる
P114	発酵バター	冷蔵保存で、1週間を目安に食べきる。
P116	塩レモン	冬は常温で、夏は冷蔵庫で保存。1年を目安に食べきる。
P120	バジルペースト	冷蔵保存で、1～2カ月で食べきる。
P124	いちじくのジャム	開封しなければ常温で3～4カ月保存可能。開封したら冷蔵庫で保存し、1カ月以内に食べきる。
P126	ブルーベリージャム	開封しなければ常温で3～4カ月保存可能。開封したら冷蔵庫で保存し、1カ月以内に食べきる。
P128	グラノーラ	常温なら1週間、冷蔵庫なら2週間保存可能。
P132	干し野菜	冷蔵保存で、2週間を目安に食べきる。
P134	ふわふわマヨネーズ	冷蔵保存で、1週間を目安に食べきる。
P136	塩豚	冷蔵庫で保存し、5日を目安に食べきる。塩豚をゆでた場合は冷蔵庫で保存し、2～3日以内に食べきる。
P138	鶏ハム	冷蔵庫で保存し、3日以内に食べきる。それ以上保存する場合は、袋ごと冷凍する。
P140	ツナのオイル煮	冷蔵庫で保存し、1週間以内に食べきる。
P144	きゅうりのピクルス	冷蔵庫で約10日保存可能。
P148	フルーツサワー	フルーツを漬けたままなら、冷蔵庫で保存し1カ月以内に。フルーツをとり出して液だけの場合は、冷蔵保存で保存し、3カ月を目安に使いきる。
P149	ハーブビネガー	直射日光があたらない場所で保管。香りがフレッシュなうちに使いきる。
P150	新しょうがの甘酢漬け	冷蔵庫で保存し、1年以内に食べきる。

腸内環境アップ

　人の大腸をはじめとする消化器官には、1000兆個ともいわれる腸内細菌がすみついています。腸内細菌は大きく3つに分類されます。体に有益な働きをする「善玉菌」、悪影響を及ぼす「悪玉菌」、腸の状態によって善玉、悪玉の強いほうに味方する「日和見菌」です。善玉菌と悪玉菌は常に競い合っている状態で、食生活や睡眠、ストレスなどで腸内の勢力図は変化するのです。

　腸内環境をよくするとは、善玉菌を優位にすること。善玉菌を増やすには、健康によい影響を与える生きた菌をとり入れること。すなわち、発酵食品を食べることです。**生きた菌は腸に届いても、腸にすみつくことはありません。しかし、菌が腸を通過することで、腸内細菌が活性化することがわかっています。また、死んだ菌は腸内細菌のエサとなり、善玉菌を増やすのに役立ちます。**

これがおすすめ

白梅酢、赤梅酢	ザワークラウト
梅のコンポート	白菜漬け
らっきょうの甘酢漬け	塩麹
塩らっきょう	しょうゆ麹
みそ	玄米甘麹
ココナッツヨーグルト	グラノーラ
ヨーグルト	干し野菜
ぬか漬け	フルーツジャム
白菜キムチ	
オイキムチ	
カクテキ	
水キムチ	

この本で紹介する発酵食品には、うれしい効果がいっぱい

発酵食品を食べることで
期待できる効果をまとめました。
継続して食べることが大切なので、
おいしく楽しく続けてください。

免疫力向上

免疫力とは体を病原体やウイルスから守る抵抗力のこと。**人の腸管には全身の約70%の免疫システムが集まっているといわれています。**病原体の侵入ルートは皮膚、鼻や目などの粘膜から、口や鼻など呼吸器からといくつかありますが、もっとも侵入しやすいのが口です。病原体やウイルスは、食べ物や飲み物にまぎれて侵入し、腸から体内に取り込まれてしまいます。それを水際で阻止するために、免疫細胞は腸管に集結しているといわれます。

腸に集まる免疫細胞がしっかり働くことこそが、免疫力アップのカギ。そのためには、腸内環境をよくすることが大切。発酵食品を積極的にとることは、腸内によい影響を与える生きた菌を積極的にとり入れ、腸内環境を改善して、免疫力を高める大きな助けになります。

これがおすすめ

梅干し
ヨーグルト
ぬか漬け
白菜キムチ
水キムチ
ザワークラウト
発酵バター

美肌

体調は肌のコンディションに現れやすいといわれ、とくに便秘がひどい人は、腸に古い便がたまり、異常発酵して出すガスや有害物質で、肌のくすみ、吹き出もの、かゆみなどトラブルに見舞われることも。美肌のためには腸内環境を整えることが大切です。

腸内環境改善には、2つのことが重要だといわれています。ひとつは前述した、「健康によい影響を与える生きた菌をとり入れること」。ふたつめは、**腸内細菌を育てるエサとなる「食物繊維をとり入れること」。**この2つを兼ね備えた食品は、いわば腸内環境にとって最強といえるでしょう。たとえば、ぬか漬け、キムチ、らっきょう、ザワークラウトなどがその代表例。どれも昔からある漬物類で、発酵食品です。美肌をめざすなら、発酵食品が食生活に欠かせないのです。

これがおすすめ

ゆかり粉
らっきょうの甘酢漬け
塩らっきょう
ぬか漬け
白菜キムチ
水キムチ
ザワークラウト
塩麹
玄米甘麹
発酵バター
バジルペースト
グラノーラ
ふわふわマヨネーズ
塩豚
鶏ハム

疲労回復

　疲れやすい、疲れがなかなかとれないというのは、腸内環境が整っていないからかもしれません。**私たちの体は、消化→吸収→輸送→代謝→排泄という流れで栄養が体にゆきわたっていきますが、便秘がひどくなるとこの流れが滞ります。**結果、消化吸収にも悪影響を及ぼし、全身の機能が低下しやすい状態になると考えられます。そこでまずは、便秘などを改善して腸内環境をよくしましょう。それには健康によい影響を与える生きた菌と、食物繊維を一緒にとれる発酵食品がおすすめです。

　同時に、たんぱく質をしっかりとることも忘れずに。たんぱく質は筋肉や肌はもちろん、血液や消化液を作るもととなる材料。内臓での消化力を高め、血液を増やすことで全身のすみずみに栄養が届き、体を修復します。たんぱく質は豚肉、鶏肉など動物性たんぱく質がとくにおすすめ。

これがおすすめ

青梅シロップ

ゆかり粉

梅のコンポート

らっきょうの甘酢漬け

塩レモン

塩豚

鶏ハム

ピクルス

フルーツサワー

むくみ解消、デトックス

　足がむくみやすい、下腹部がぽっこり出ている……。便秘で腸内環境が乱れると、水分代謝が悪くなる人が少なくありません。水分代謝というと、腎臓というイメージがありますが、じつは腸も大きく関わっています。

　腸などの消化器官は1日数リットルの水分を処理していますが、便秘などで腸内環境が悪化すると、その機能がうまく働きません。**行き場のなくなった水分はリンパ液として停滞するため、体にはむくみとして現れることに。**リンパ液とは、リンパ管を流れる透明な組織液で、細胞の老廃物を回収する役割があります。その全身のリンパ液が流れ込む最終の場所が、腸なのです。ですから、便秘を解消し、腸内環境をよくすることは、体のむくみ解消には大いに役立ちます。発酵食品を毎日とって、体のデトックスに役立てましょう。

これがおすすめ

ココナッツヨーグルト

オイキムチ

白菜漬け

玄米甘麹

鶏ハム

血液サラサラ

　血液は健康の要です。血液がドロドロになる最大の要因は食生活です。気をつけたいのは糖質の過剰摂取です。お菓子などの甘いもののとりすぎ、食べすぎや飲みすぎには気をつけること、食物繊維をたっぷりとることが大切です。食物繊維には水にとける水溶性と、水にとけない不溶性がありますが、**血液サラサラには水溶性食物繊維がとくに有効です。水溶性食物繊維は、消化器官内で余った糖を包み込み、排出する働きがあります。また同様に、余った脂肪やコレステロールを包み込み、体外に排出する役割も期待できます。**

　ただ、水溶性食物繊維は意識しないとなかなかとれません。そこで、手軽につまめて水溶性食物繊維であるフルクタンも豊富な「らっきょうの甘酢漬け」を冷蔵庫に常備しておくとよいでしょう。

これがおすすめ

らっきょうの甘酢漬け
塩らっきょう
ゆずこしょう
ツナのオイル煮

リラックス効果、気分の安定

　腸には独自の神経系があり、近年、腸と脳は互いに影響し合うことがわかってきました。つまり、腸内環境が不安定になると、メンタルも不安定になりやすいということ。そのひとつに、**幸せホルモンと呼ばれる神経伝達物質、セロトニンがあります。セロトニンは脳と腸の両方で作られますが、その8割以上が腸管で作られることがわかってきました。セロトニンは脳では気持ちを安定させ、晴れやかにする役割を担っています。**便秘などで腸内環境が悪化すると、正常に動くようにセロトニンの多くが腸で使われるため、脳でのセロトニンが不足。そのため、不安やイライラなどの感情の乱れにつながるといわれています。

　発酵食品を積極的にとることで、腸内環境を常に良好な状態に保ち、メンタルは安定。リラックスした気持ちになることでしょう。

これがおすすめ

青梅シロップ
塩レモン
バジルペースト
ハーブビネガー

材料別 INDEX

STAFF

●表紙および中ページの発酵食と保存食の調理
撮影　大井一範
調理　平岡淳子
●中ページ（五十音順）
[調理] 秋山里美、新井美代子、石澤清美、今泉久美、岩﨑啓子、植松良枝、大庭英子、
金丸絵里加、検見﨑聡美、重信初江、瀬尾幸子、谷島せい子、豊口裕子、トミタセツ子、
平岡淳子、藤野嘉子、武蔵裕子、横山タカ子、脇雅世
[撮影] 白根正治、千葉充、南雲保夫、山田洋二

装丁・デザイン　三谷日登美
編集・文・スタイリング　杉岾伸香（管理栄養士）
レシピ編集　水野恵美子
編集アシスタント　安念知咲（主婦の友社）
編集担当　宮川知子（主婦の友社）

協力　UTUWA　03-6447-0070

発酵食の作り方と料理レシピ150

令和 2 年 6 月 20 日　第 1 刷発行
令和 5 年 7 月 20 日　第 11 刷発行

編　者　主婦の友社
発行者　平野健一
発行所　株式会社主婦の友社
　　　　〒 141-0021 東京都品川区上大崎 3-1-1
　　　　目黒セントラルスクエア
　　　　電話 03-5280-7537(内容・不良品等のお問い合わせ)
　　　　　　　049-259-1236(販売)
印刷所　大日本印刷株式会社

© Shufunotomo Co., Ltd. 2020　Printed in Japan　ISBN978-4-07-443306-3

この本は『体の中からきれいになれる保存食と発酵食』（2017年刊）に新規レシピを加えて再
編集しました。

■本のご注文は、お近くの書店または主婦の友社コールセンター（電話 0120-916-892）まで。
＊お問い合わせ受付時間　月～金（祝日を除く）　10:00 ～ 16:00
＊個人のお客さまからのよくある質問のご案内 https://shufunotomo.co.jp/faq/